Patrick Rosentha

GRILL DICH *schlank*

50 leichte Rezeptideen für
Fleisch, Fisch, Gemüse,
Salate, Soßen und Desserts

Bibliografische Information der Deutschen Nationalbibliothek
Die Deutsche Nationalbibliothek verzeichnet diese Publikation in der Deutschen Nationalbibliografie. Detaillierte bibliografische Daten sind im Internet über http://d-nb.de abrufbar.

Für Fragen und Anregungen
info@rivaverlag.de

Originalausgabe
1. Auflage 2020
© 2020 by riva Verlag, ein Imprint der Münchner Verlagsgruppe GmbH
Nymphenburger Straße 86
D-80636 München
Tel.: 089 651285-0
Fax: 089 652096

Redaktion: Caroline Kazianka
Umschlaggestaltung: Isabella Dorsch
Umschlagabbildungen und Abbildungen im Innenteil: Patrick Rosenthal
Satz: inpunkt[w]o, Haiger (www.inpunktwo.de)
Druck: Florjancic Tisk d.o.o., Slowenien
Printed in the EU

ISBN Print 978-3-7423-1254-9
ISBN E-Book (PDF) 978-3-7453-0943-0
ISBN E-Book (EPUB, Mobi) 978-3-7453-0944-7

Weitere Informationen zum Verlag finden Sie unter

www.rivaverlag.de

Beachten Sie auch unsere weiteren Verlage unter www.m-vg.de

Inhalt

59   SALAT

73   SOSSEN UND DIPS

Vorwort

Wer es bis zum Sommer nicht mehr ganz zur Bikini- und Badehosenfigur geschafft hat, isst sich dann meist den ganzen Sommer über noch ein paar weitere Kilos an und verschiebt die Diät auf den nächsten Winter. Damit ist jetzt jedoch Schluss, denn auch im Sommer, während der Grillzeit, können Sie ein paar Kalorien sparen und damit dann schlanker in den Herbst übergehen. Aber keine Sorge, es erwartet Sie keine Diät, denn ich halte nichts von Diäten. Meiner Meinung nach ist es wichtiger, mehr über Ernährung zu erfahren und ein neues Bewusstsein für die konsumierte Nahrung zu entwickeln. Klar, der ein oder andere mag auf den gegrillten Schweinebauch samt überzuckerten Soßen, die dann noch mit Weißbrot vom Teller aufgetunkt werden, nicht verzichten. Aber es gibt auch viele Alternativen, die genauso lecker sind. Erlaubt ist im Grunde alles, nur sollten die Speisen eben etwas weniger Zucker, Fett und/oder Kohlenhydrate enthalten. Die Rezepte, die Sie in diesem Buch finden, sollen dabei eine Anregung sein, um auch selbst kreativ zu werden.

Hühner- oder Putenfleisch und magere Filets eignen sich natürlich perfekt für das »schlanke« Grillen. Schweinenacken, Würstchen und Frikadellen sind dagegen eher tabu. Für mich sind die Soßen und Dips beim Grillen fast am wichtigsten. Leider haben aber genau die oft einen hohen Zuckeranteil und beinhalten versteckte Fette. Doch auch da gibt es einen Ausweg. Denn wer seine Soßen selbst zubereitet, kann die verwendeten Inhaltsstoffe kontrollieren, seinen Zielen anpassen und dazu noch ganz einfach frische und leckere Alternativen zaubern. Finger weg auch von Light-Soßen, das können wir selbst viel besser.

Auch Salate, die von der Bezeichnung her erst einmal gesund klingen, können sich als Kalorienbomben erweisen. Doch hierfür stelle ich Ihnen ebenfalls einige Rezepte vor, die Ihnen den Genuss nicht durch eine zu hohe Kalorienanzahl verderben.

Wer grillt, hat natürlich auch Durst. Bier, Wein und Cola sind da oft die Gegenmittel der Wahl. Gönnen Sie sich ruhig ein Bier und ein Glas Wein und genießen Sie es in vollen Zügen – aber in Maßen. Um den Flüssigkeitsbedarf Ihres Körpers zu befriedigen, können Sie darüber hinaus auf meine selbst gemachten Eistees und Limonaden zurückgreifen. Und immer ein Glas Wasser vor dem Essen zu trinken, um den Magen schon etwas zu füllen, kann auch nicht schaden.

Zum Abschluss noch Lust auf was Süßes? Wenn der Grill sowieso schon an ist, verwenden wir ihn auch gleich für Desserts.

Genießen Sie also entspannt den Sommer, die Grillzeit und die Zeit mit Freunden. Und sollten Sie schon früher Lust darauf bekommen, dann können Sie alle Rezepte selbstverständlich auch in einer Grillpfanne auf dem Herd oder im Backofen zubereiten.

Tipps für die Grillzeit

HOLZKOHLE-, GAS- ODER ELEKTROGRILL?

Der Holzkohlegrill ist natürlich der Klassiker unter den vielen Grillmodellen. Er ist ideal auch für unterwegs, da es ihn in vielen verschiedenen Größen gibt. Achten Sie beim Holzkohlegrill darauf, dass dieser beim Grillen windgeschützt steht. Durch Wind oder das Ablöschen mit Flüssigkeiten können sonst Aschepartikel auf das Grillgut fliegen. Auch Flüssigkeiten wie Fett und Fleischsaft sollten nicht auf die Glut gelangen, da sich sonst gesundheitsschädlicher Rauch bilden kann. Stellen Sie einfach eine Auffangschale unterhalb des Rosts auf, um das zu vermeiden.

Es empfiehlt sich auch, einen Holzkohlegrill zu kaufen, der einen verstellbaren Grillrost hat, sodass unterschiedliche Lebensmittel perfekt gegart werden können. Da das Grillgut direkt auf dem Rost über dem Feuer gegrillt wird, bekommen Fleisch und Gemüse die typische Grilloptik und den rauchigen Geschmack.

Der Gasgrill hat den Vorteil, dass man, ohne lange auf die richtige Glut warten zu müssen, sofort loslegen kann und sich die Temperatur besser regulieren lässt. Auch das rauchige Aroma kann man mit einem Gasgrill erreichen. Es eignen sich verschiedenste Hartholzsorten: Eiche, Ahorn, Buche, Erle und Frucht-Nussbaumhölzer. Hier sollte man auf geeignete Räucherchips zurückgreifen. Diese kann man fertig kaufen. Es handelt sich um kleine Späne, die bei hoher Temperatur verglimmen und Rauch entwickeln. Einfach eine kleine Schale Holzchips im Grill verglimmen lassen. Voraussetzung: Der Grill muss über eine Abdeckung verfügen. Es gibt feuerfeste Schalen zu kaufen, die im oberen Bereich Löcher haben. Der Vorteil der Box ist, dass die Asche später problemlos entfernt werden kann.

Viele schwören jedoch auf den Elektrogrill, da er ebenso schnell einsatzbereit ist wie ein Gasgrill und sich so für das schnelle Grillen zwischendurch bestens eignet. Dabei gibt es ihn aber auch in Größen, die Platz auf dem kleinsten Balkon finden.

Im Grunde hat jeder Grill seine Daseinsberechtigung, und die Auswahl hängt hauptsächlich von persönlichen Vorlieben, Ansprüchen und Einsatzbereichen ab.

GEEIGNETES BRENNMATERIAL

Wenn Sie sich für einen Holzkohlegrill entschieden haben, ist der nächste Punkt, welches Brennmaterial Sie am besten verwenden. Briketts eignen sich wunderbar für lange Grillabende, weil sie gleichmäßig und sehr lange glühen. Wer aber »nur« ein paar Würstchen grillen möchte, der ist mit Holzkohle gut bedient, da sie schneller brennt.

HITZEZONEN

Am besten richten Sie sich zwei Hitzezonen ein. Verteilen Sie die Glut nur auf einer Seite des Grillrosts für direkte Hitze. Hamburger, Steaks, Hähnchenbrust und Fisch lassen sich am besten bei direkter Hitze grillen. Die andere Seite lassen Sie frei von Glut, sodass sich dort eine indirekte Hitze entwickelt. Diese eignet sich gut für große Stücke Fleisch wie ganze Hähnchen. Auch zum Ablegen und Warmhalten von fertig gegrilltem Fleisch ist dieser Bereich ideal.

GEFLÜGEL

Rohes Geflügel ist besonders keimanfällig. Daher sollten Sie immer darauf achten, dass das Fleisch bis kurz vor dem Grillen gut gekühlt bleibt und im rohen Zustand nicht mit Essbesteck oder Geschirr in Berührung kommt.

ALUFOLIE UND ALUSCHALEN

Dürfen Alufolie und Aluschalen auf den Grill? Durch die starke Hitze kann sich das Aluminium ablösen und in die Lebensmittel gelangen. Ich empfehle daher, lieber eine unnötige Aluminiumaufnahme zu vermeiden und auf Zubehör aus Keramik oder Gusseisen zurückzugreifen.

GRILLROST

Legen Sie den Grillrost circa 10 Zentimeter entfernt von der Kohle auf. So wird die Temperatur für das Grillgut nicht zu hoch.

MARINADEN

Mariniertes Fleisch schmeckt nicht nur besser, sondern hat noch einen weiteren Vorteil: Das enthaltene Öl verhindert, dass das Fleisch am Grillrost haften bleibt.

HOLZSPIESSE

Wenn Sie Holzspieße benützen, sollten Sie diese unbedingt einige Stunden vor der Verwendung in kaltes Wasser einlegen. So verbrennen sie beim Grillen nicht so leicht.

WENDEN

Beim Wenden des Fleisches sollten Sie das Grillgut nicht mit einer Gabel einstechen, denn sonst tritt der Fleischsaft aus und das Fleisch wird trocken. Greifen Sie daher besser zu einer Grillzange.

SPIRITUS

Verzichten Sie beim Anzünden auf Spiritus, denn es kann sonst leicht eine gefährliche Stichflamme entstehen. Nehmen Sie daher lieber Grillanzünder.

NÄHRWERTANGABEN

Bei jedem Rezept finden Sie ausführliche Nährwertangaben. KCAL steht hierbei für Kilokalorien, KH für Kohlenhydrate, F für Fett und EW für Eiweiß.

FLEISCH, FISCH UND GEMÜSE

Chermoula-Hähnchen mit Erbsenpüree

Als Chermoula bezeichnet man eine Marinade, die ursprünglich für Fisch und Meeresfrüchte verwendet wurde und aus der algerischen, marokkanischen und tunesischen Küche stammt. Sie besteht aus den Grundzutaten Knoblauch, Koriander und Öl. Je nach Region unterscheiden sich dann die weiteren Zutaten.

NÄHRWERTANGABEN PRO PORTION
HÄHNCHEN: 294 KCAL • 6,9 G KH • 5,84 G F • 52,38 G EW
ERBSENPÜREE: 226 KCAL • 8,81 G KH • 11,31 G F • 12,3 G EW

Chermoula-Hähnchen

**ZUTATEN FÜR
4 PORTIONEN**

Chermoula-Hähnchen:

1 kg Hähnchenbrustfilet
2 Knoblauchzehen (ca. 6 g)
2 Schalotten (ca. 40 g)
1 rote Chilischote (ca. 5 g)
1 Bund frischer
   Koriander (50 g)
10 g gem. Kreuzkümmel
10 g Paprikapulver,
   edelsüß
1 TL Olivenöl (5 ml)
200 g TK-Erbsen,
   aufgetaut

1. Hähnchenbrustfilet in 8–10 mundgerechte Stücke schneiden.

2. Knoblauch und Schalotten schälen. Chilischote waschen und putzen. Koriander waschen und trocken schütteln.

3. Knoblauch, Schalotten, Koriander, Chilischote, Kreuzkümmel, Paprikapulver und Olivenöl in einen Mixer geben und zerkleinern. Hähnchenbrustfilets mit der Mischung einreiben.

4. Hähnchenbrustfilets auf in Wasser getränkte Holzspieße stecken und auf dem Grillrost von jeder Seite 6 Minuten grillen.

5. Währenddessen die TK-Erbsen auf der Grillplatte anrösten. Hähnchenbrustfilets zusammen mit den Erbsen anrichten und mit Erbsenpüree (siehe unten) servieren.

Erbsenpüree

Erbsenpüree:

500 g TK-Erbsen
25 g Butter
200 g saure Sahne
Salz
schwarzer Pfeffer
   aus der Mühle

1. Erbsen antauen lassen und die Butter in einem Topf zerlassen.

2. Erbsen, Salz und Pfeffer zugeben und zugedeckt bei reduzierter Hitze in 5–6 Minuten weich dünsten.

3. Erbsenmasse fein pürieren und die saure Sahne unterrühren.

Sriracha-Hähnchenmedaillonspieße und Asia-Möhren

Jetzt wird es scharf. Die Sriracha-Soße wird mittlerweile zu vielen Gerichten serviert – als Dip, Gewürz oder auch als Ketchup-Ersatz zu Pommes und Co.

NÄHRWERTANGABEN PRO PORTION
HÄHNCHEN: 218,65 KCAL • 2,90 G KH • 4,29 G F • 38,74 G EW
MÖHREN: 122,72 KCAL • 6,26 G KH • 6,48 G F • 1,38 G EW

Hähnchenmedaillonspieße

**ZUTATEN FÜR
4 PORTIONEN**

**Hähnchenmedaillon-
spieße:**

2 Bio-Limetten
60 g Joghurt (1,5 % Fett)
2 TL Olivenöl
½ TL schwarzer Pfeffer
  aus der Mühle
½ TL Salz
650 g Hähnchen-
  medaillons
  (ca. 1 cm dick)
40 g Sriracha-Soße
  (siehe Seite 86)
1 TL gem. Koriander

1. Die Limetten waschen, abtrocknen und die Schale fein abreiben. Dann die Früchte auspressen, das soll in etwa 100 ml Saft ergeben.

2. Joghurt in einer Schüssel mit dem Limettensaft, der Hälfte der Limettenschale, Olivenöl, Pfeffer, Salz und Koriander vermengen. Die Hähnchenmedaillons dazugeben, gut mit der Soße vermischen und mindestens 3 Stunden abgedeckt im Kühlschrank ziehen lassen.

3. Hähnchenmedaillons auf in Wasser getränkte Spieße stecken und von jeder Seite 3–4 Minuten grillen.

4. Vor dem Servieren mit der restlichen Limettenschale bestreuen. Dazu passen eingelegte Möhren im Asia-Style (siehe rechts). Mit Sriracha-Soße servieren.

Asia-Möhren

Asia-Möhren:

300 g Möhren
5 g frischer Ingwer
1 Zwiebel (ca. 85 g)
1 Knoblauchzehe (3 g)
15 ml Olivenöl (ca. 1 EL)
5 g Chiliflocken
½ TL gem. Koriander
60 g Xylit
1 Lorbeerblatt
80 ml Weißweinessig
150 ml Wasser
1 Prise Salz
1 Bund frischer
   Koriander

1. Möhren und Ingwer putzen und schälen. Möhren mit einem Sparschäler in feine Streifen schneiden und den Ingwer fein würfeln. Zwiebel und Knoblauch schälen, Zwiebel in Streifen schneiden und Knoblauch sehr fein hacken.

2. Öl in einem Topf erhitzen und Zwiebeln, Knoblauch und Ingwer darin anschwitzen. Möhrenstreifen zufügen und anbraten.

3. Chiliflocken, Koriander, Xylit, Lorbeerblatt, Essig und Wasser unterrühren, etwas Salz zugeben und alles 20 Minuten köcheln lassen.

4. Derweil den Koriander waschen, trocken schütteln und klein zupfen. Möhren mit Koriander bestreut servieren.

Gegrilltes Curry-Huhn

Um ein ganzes Huhn zu grillen, empfiehlt sich ein Geflügelbräter aus Gusseisen. So wird das Huhn gleichmäßig gegart und das überschüssige Fett und der Bratensaft fließen direkt in eine Auffangschale. Die Haut wird so richtig schön kross.

NÄHRWERTANGABEN PRO PORTION
479,17 KCAL • 3,40 G KH • 30,95 G F • 46,73 G EW

**ZUTATEN FÜR
6 PORTIONEN**

1 Knoblauchzehe
1 EL Salz
10 g Currypulver
1 TL gem. Kurkuma
1 Msp. Zimt
1 Msp. schwarzer
  Pfeffer aus der Mühle
1 EL frisch gehackter
  Rosmarin
1 EL Zucker
10 g mittelscharf Senf
50 ml Sonnenblumenöl
1 ganzes Huhn, ca.
  1,4 kg, ausgenommen

1. Für die Marinade den Knoblauch schälen und durch eine Knoblauchpresse pressen. In einer Schüssel mit Salz, Currypulver, Kurkuma, Zimt, Pfeffer, Rosmarin, Zucker, Senf und Sonnenblumenöl verrühren.

2. Das Huhn von innen und außen unter fließend kaltem Wasser gründlich abspülen und mit einem Küchenpapier trocken tupfen. Huhn von innen und außen großzügig mit der Marinade einpinseln.

3. Das Huhn mit seiner hinteren Öffnung auf den Geflügelbräter setzen. Auf dem Gitterost des Grills bei mittlerer Hitze 60 Minuten garen. Nach 45 Minuten nochmals von außen mit der Marinade bestreichen. Das Huhn ist gar, wenn an den Hähnchenkeulen beim Einstechen an den dicken, fleischigen Stellen klarer Fleischsaft austritt. Vor dem Servieren das Huhn 10 Minuten ruhen lassen.

TIPP: Orangen in Scheiben schneiden, von jeder Seite kurz angrillen und zum Huhn servieren.

Limetten-Garnelenspieße

Garnelen überzeugen durch wenig Fett, wenig Kohlenhydrate und eine kurze Grillzeit. Wer sich für gefrorene Meeresfrüchte entscheidet, sollte sie am besten über Nacht in den Kühlschrank legen und erst am nächsten Tag marinieren.

NÄHRWERTANGABEN PRO PORTION
SPIESSE: 149,50 KCAL • 1,73 G KH • 5,03 G F • 24,40 G EW
SOSSE: 37,79 KCAL • 4,85 G KH • 1,66 G F • 0,56 G EW

Limetten-Garnelenspieße

**ZUTATEN FÜR
4 PORTIONEN**

**Limetten-Garnelen-
spieße:**

2 Knoblauchzehen
1 rote Chilischote
  (oder rote Peperoni)
2 EL Sesamöl
1 EL Olivenöl
1 EL Limettensaft
2 EL Sojasoße
500 g Garnelen,
  verzehrfertig

1. Knoblauch schälen und pressen. Chili putzen, waschen, entkernen und fein schneiden. Beides in einer Schüssel mit Sesam- und Olivenöl, Limettensaft und Sojasoße vermengen.

2. Garnelen 2 Stunden in der Marinade ziehen lassen.

3. Garnelen dann aus der Marinade heben, auf in Wasser getränkte Spieße stecken und auf dem Grillrost von beiden Seiten je 4 Minuten grillen. Dazu passt eine süß-saure Soße (siehe rechts).

Süß-saure Soße

ZUTATEN FÜR CA. 200 G

Süß-saure Soße:

20 g frischer Ingwer
1 Knoblauchzehe
1 EL Sonnenblumenöl
200 ml Ananassaft
30 g Tomatenmark
10 g Tomatenketchup
40 ml Weißweinessig
45 g Erythrit
1 EL Zitronensaft
2 EL Sojasoße
1 EL Speisestärke
30 g Ananas

1. Ingwer schälen und fein reiben. Knoblauch schälen und pressen.

2. Sonnenblumenöl in einem Topf erhitzen und Ingwer und Knoblauch darin andünsten. Ananassaft, Tomatenmark, Ketchup, Essig, Erythrit, Zitronensaft und Sojasoße in den Topf geben, aufkochen lassen und Soße 5 Minuten unter Rühren köcheln lassen. Speisestärke in einer Tasse mit etwas Wasser anrühren, in die Soße geben und diese unter Rühren damit andicken.

3. Ananas schälen, klein würfeln und Stücke in die Soße geben.

Marokkanische Hähnchen-Kebabs mit Minzsoße

Kebab bedeutet nicht mehr als gegrilltes oder gebratenes Fleisch. Die Marokkanischen Hähnchen-Kebabs liebe ich ganz besonders, denn die Frische der Zitronenmarinade und die milde Schärfe der Minzsoße sind einfach eine tolle Kombination.

NÄHRWERTANGABEN PRO PORTION
KEBABS: 414,05 KCAL • 9,89 G KH • 25,63 G F • 50,25 G EW
SOSSE: 145,14 KCAL • 3,23 G KH • 13,84 G F • 0,47 G EW
1 SALZZITRONE: 31 KCAL • 3,36 G KH • 0,5 G F • 0,6 G EW

Hähnchen-Kebabs

**ZUTATEN FÜR
4 PORTIONEN**

Hähnchen-Kebabs:

1 eingelegte Salzzitrone
(siehe Seite 19)
10 g frischer Ingwer
1 Knoblauchzehe
60 ml Olivenöl
1 TL gem. Kreuzkümmel
½ TL Salz
½ TL schwarzer Pfeffer
aus der Mühle
½ TL gem. Koriander
1 kg Hähnchenbrustfilet

1. Die eingelegte Zitrone samt Schale klein hacken. Ingwer und Knoblauch schälen, fein reiben und in einer Schüssel mit der Zitrone, Olivenöl, Kreuzkümmel, Salz, Pfeffer und Koriander vermengen.

2. Hähnchenbrustfilets in mundgerechte Stücke schneiden und in die Zitronenmarinade geben, gut damit vermengen und zugedeckt mindestens 2 Stunden im Kühlschrank ziehen lassen.

3. Hähnchenbrust auf in Wasser getränkte Spieße stecken und ca. 8 Minuten von allen Seiten grillen. Dazu Minzsoße servieren (siehe unten).

Minzsoße

Minzsoße:

30 g frischer Koriander
20 g frische Minze
1 Jalapeño
2 Schalotten
60 ml Olivenöl
2 TL Zitronensaft
1 TL Honig

1. Koriander und Minze waschen, trocken schütteln und die Blätter abzupfen. Jalapeño waschen, putzen und grob hacken. Die Schalotten schälen und klein schneiden.

2. Alle Zutaten in einer Schüssel mit dem Stabmixer pürieren.

Salzzitronen

**ZUTATEN FÜR
10 SALZZITRONEN**

Salzzitronen:

10 Bio-Zitronen
200 g Meersalz
2 Lorbeerblätter
10 schwarze
   Pfefferkörner

1. Ein Einmachglas mit 1 l Fassungsvermögen sterilisieren. 4 Zitronen auspressen und den Saft auffangen. Die restlichen Zitronen waschen, abtrocknen und an einem Ende kreuzweise tief einschneiden, sodass sie in Vierteln auseinanderklappen. Aber Vorsicht: die Zitronen nicht so tief einschneiden, dass sie auseinanderfallen.

2. Jede Zitrone aufklappen, mit 1 Teelöffel Meersalz füllen, wieder zusammendrücken und in das Einmachglas legen. Lorbeerblätter mit dem restlichen Salz, den Pfefferkörnern und dem Zitronensaft in das Glas geben und alles mit Wasser auffüllen.

3. Glas luftdicht verschließen und die Zitronen an einem kühlen und dunklen Ort einen Monat ruhen lassen. Dabei das Einmachglas alle zwei Tage vorsichtig schütteln, damit sich das Salz gut verteilt.

Rotkohl-Tacos mit Lachs

Die festen äußeren Blätter des Rotkohls lassen sich prima befüllen und eignen sich daher gut zur Herstellung von Fingerfood. Rotkohl ist darüber hinaus noch kalorienarm, ballaststoffreich und soll entwässernd und cholesterinsenkend wirken.

NÄHRWERTANGABEN PRO PORTION
470,25 KCAL • 20,81 G KH • 32,12 G F • 25,59 G EW

ZUTATEN FÜR 4 PORTIONEN

1 TL Kreuzkümmel-samen
60 ml Apfelessig
1 TL Zucker
1 Prise Meersalz
200 g Radieschen
200 g saure Sahne
1 TL Chilisoße
150 g Rotkohl + 4 große Rotkohlblätter
2 Frühlingszwiebeln
1 Bund frischer Koriander
1 Limette
60 ml Olivenöl
Salz
schwarzer Pfeffer aus der Mühle
400 g Lachs
1 Tortillafladen

1. Kreuzkümmelsamen ohne Öl in eine beschichtete Pfanne geben und 2 Minuten anrösten, dann abkühlen lassen und mörsern. Samen in einer Schüssel mit Apfelessig, Zucker und Meersalz verrühren.

2. Radieschen putzen, waschen und in feine Scheiben schneiden. In die Essigmischung geben und zur Seite stellen.

3. Saure Sahne in einer Schüssel mit der Chilisoße verrühren.

4. Rotkohl putzen, waschen und 150 g in feine Streifen schneiden. Frühlingszwiebeln waschen, putzen und in feine Ringe schneiden. Koriander waschen, trocken schütteln und grob hacken. Limette auspressen. Rotkohlstreifen, Frühlingszwiebeln und Koriander in einer Schüssel vermengen. 1 TL Limettensaft und 1 TL Olivenöl unterrühren. Mit Salz und Pfeffer würzen.

5. Lachs zusammen mit dem restlichen Zitronensaft und Olivenöl in einen Gefrierbeutel geben, diesen verschlie-ßen und Fisch 25 Minuten im Kühlschrank ziehen lassen.

6. Tortilla in feine Streifen schneiden und von beiden Seiten auf dem Grill anrösten.

7. Lachs aus dem Beutel heben und auf dem Grill 5 Minuten von beiden Seiten grillen. Rotkohlmischung auf die 4 großen Rotkohlblätter verteilen. Lachs mit einer Gabel zerpflücken und daraufgeben. Tortilla-streifen und Radieschen darüber verteilen und mit der Sauren-Sahne-Mischung beträufeln.

Gegrillter Miso-Lachs mit Auberginen

Lachs grillen ist super einfach. Kaufen Sie Lachsfilets mit Haut, denn diese gibt dem Fisch die notwendige Stabilität beim Grillen. Den Grillrost am besten mit etwas Sonnenblumenöl einreiben, damit der Fisch nicht daran kleben bleibt. Alternativ können Sie den Lachs auch in Grillschalen oder auf Zitronenscheiben legen und grillen. Lachs immer zuerst mit der Hautseite auf den Grill legen, nur einmal wenden und mindestens 5 Minuten von jeder Seite garen.

NÄHRWERTANGABEN PRO PORTION
526,69 KCAL • 16,78 G KH • 34,77 G F • 42,89 G EW

**ZUTATEN FÜR
4 PORTIONEN**

10 g frischer Ingwer
40 ml Sake
60 ml Orangensaft
60 g Misopaste
1 TL Honig
4 Lachsfilets mit Haut
(800 g)
1 kg Auberginen
1 TL Olivenöl
Salz
schwarzer Pfeffer
aus der Mühle
1 TL schwarzer Sesam

1. Ingwer schälen und fein reiben. In einer Schüssel mit Sake, Orangensaft, Misopaste und Honig verrühren.

2. Lachs in eine Auflaufform legen und mit der Ingwermischung übergießen. Abgedeckt im Kühlschrank 2 Stunden ziehen lassen. Auberginen waschen, putzen und in Scheiben schneiden. Scheiben von beiden Seiten mit Olivenöl bestreichen und mit Salz und Pfeffer würzen. Dann Auberginen auf dem Grill rösten.

3. Lachs von beiden Seiten je 5 Minuten auf dem Grillrost oder auf der Grillplatte grillen. Vor dem Servieren mit schwarzem Sesam bestreuen. Die Auberginen dazu reichen.

TIPP: Die Garprobe ist ganz einfach: mit dem Finger sanft auf die dickste Stelle des Lachses drücken. Wenn das Fleisch leicht nachgibt, ist das Filet perfekt.

Zucchini-Halloumi-Spieße

Halloumi-Käse stammt aus Zypern. Der halbfeste Käse eignet sich aufgrund seiner Konsistenz optimal zum Grillen. Kinder sind fasziniert vom quietschenden Geräusch beim Essen von Halloumi.

NÄHRWERTANGABEN PRO PORTION
289,32 KCAL • 17,24 G KH • 22,53 G F • 17,98 G EW

**ZUTATEN FÜR
6 PORTIONEN**

2 rote Zwiebeln
200 g Zucchini
200 g Mini-Paprika
450 g Halloumi
1 Knoblauchzehe
4 EL Olivenöl
Salz
schwarzer Pfeffer
   aus der Mühle

1. Zwiebeln schälen und jeweils in 8 Spalte schneiden. Zucchini putzen, waschen und in Scheiben schneiden. Paprika putzen und waschen. Halloumi abtropfen lassen und in Würfel schneiden.

2. Die vorbereiteten Zutaten abwechselnd auf in Wasser getränkte Spieße stecken. Knoblauch schälen, in eine Schüssel pressen und mit Olivenöl, Salz und Pfeffer verrühren. Die Zutaten auf den Spießen damit einpinseln.

3. Spieße auf dem Grill ca. 7 Minuten rundum grillen, bis der Käse schön gebräunt ist.

Lammspieße mit Möhren süß-sauer

In den Mittelmeerländern landet Lammfleisch ziemlich oft auf dem Grill, und auch bei uns findet es immer mehr Liebhaber. Zu Recht, denn Lammfleisch ist zart und es lässt sich einfach zubereiten. Es muss auch nicht lange auf den Rost, denn es sollte noch eine leicht rosa Farbe haben.

NÄHRWERTANGABEN PRO PORTION
SPIESSE: 508,5 KCAL • 2,73 G KH • 38,79 G F • 30,13 G EW
MÖHREN: 71,36 KCAL • 11,09 G KH • 0,95 G F • 3,45 G EW

Lammspieße

ZUTATEN FÜR 4 PORTIONEN

Lammspieße:

1 Zitrone
2 EL Olivenöl
1 TL gem. Kreuzkümmel
1 TL Paprikapulver, rosenscharf
Salz
schwarzer Pfeffer aus der Mühle
800 g Lammfleisch (aus der Haxe)

1. Zitrone auspressen und den Saft in einer Schüssel mit Olivenöl, Kreuzkümmel, Paprikapulver, Salz und Pfeffer vermengen.

2. Das Lammfleisch waschen, mit Küchenpapier trocken tupfen und in Stücke schneiden. In die Schüssel zur Marinade geben, gut verrühren und zugedeckt im Kühlschrank mindestens 2 Stunden ziehen lassen.

3. Fleischstücke auf in Wasser getränkte Spieße stecken und von jeder Seite 4–6 Minuten grillen. Dazu schmecken die süß-sauer eingelegten Möhren (siehe unten) sehr gut.

Möhren süß-sauer

Möhren:

200 g Möhren
½ rote Paprikaschote
1 Zwiebel
200 ml Wasser
½ TL Salz
20 g Blütenhonig
2 Lorbeerblätter
½ EL Senfsamen
½ EL schwarze Pfefferkörner
1 Zweig Dill
½ Bio-Limette
50 ml Apfelessig

1. Möhren schälen, putzen und in 5 mm dicke Scheiben schneiden. Paprikaschote waschen, entkernen und in dünne Streifen schneiden. Zwiebel schälen und in dünne Streifen schneiden.

2. Wasser mit dem Salz in einen Topf geben und zum Kochen bringen. Möhren, Paprika und Zwiebel zugeben und 5 Minuten blanchieren. Gemüse mit einer Schaumkelle herausheben, abtropfen lassen und in ein 500-ml-Einmachglas füllen.

3. Honig, Lorbeerblätter, Senfsamen und Pfefferkörner in das Kochwasser geben und 10 Minuten köcheln lassen.

4. Den Dill waschen, die Fähnchen abzupfen und in das Glas geben. Limette heiß abwaschen, in dünne Scheiben schneiden und ebenfalls in das Glas füllen.

5. Sud vom Herd nehmen, Essig unterrühren und Sud zu der Möhrenmischung in das Glas schütten. Abkühlen lassen, Glas verschließen und Möhren innerhalb von 2 Tagen verzehren.

Gegrilltes Rinderfilet mit Coffee-Rub und Petersilien-Meerrettich-Pesto

Hier darf jeder selbst entscheiden, wie gar er sein Rinderfilet haben möchte. Als Regel gilt: Bei einem 3 cm dicken Steak 1 bis 2 Minuten von jeder Seite grillen. So wird das Steak englisch bzw. rare. Wer es lieber medium mag, der sollte es von jeder Seite 3 Minuten grillen. Und alle, die well done bevorzugen, sind mit 5 Minuten pro Seite bestens bedient.

NÄHRWERTANGABEN PRO PORTION
FILET: 518,91 KCAL • 39,22 G KH • 22,54 G F • 38,82 G EW
PESTO: 257,20 KCAL • 2,32 G KH • 25,54 G F • 2,33 G EW
RUB: 24,73 KCAL • 2,88 G KH • 0,98 G F • 1,74 G EW

ZUTATEN FÜR 4 PORTIONEN

Rinderfilet:

1 Bund frische
  Petersilie
4 Rinderhüftsteaks
  (à 150 g)
25 g Coffee-Rub
  (siehe rechts)
8 Scheiben Sauerteigbrot
  (ca. 320 g)
100 g Petersilien-
  Meerrettich Pesto
  (siehe rechts)
1 Handvoll essbare
  Blüten (optional)

Rinderfilet

1. Petersilie waschen, trocken schütteln und klein zupfen.

2. Rinderhüftsteaks von beiden Seiten mit dem Coffee-Rub einreiben und von beiden Seiten je nach gewünschter Garstufe grillen. Dabei am besten Steak alle 20 Sekunden mit einer Grillzange wenden, damit sich der Fleischsaft optimal verteilen kann. Bitte keine Gabel verwenden, da durch die Einstiche Fleischsaft verloren geht.

3. Die Sauerteigbrotscheiben von jeder Seite kurz auf dem Grill anrösten. Jede Scheibe auf einer Seite mit Pesto bestreichen. Die Steaks auf 4 bestrichene Brotscheiben legen, mit frischer Petersilie und Blüten belegen und mit einer zweiten Scheibe Brot abdecken.

TIPP: Mittlerweile werden in einigen Rezepten gerne essbare Blüten verwendet, denn die kleinen Blüten sehen nicht nur hübsch aus und bringen etwas Farbe auf den Teller, sie schmecken je nach Sorte auch ganz fantastisch. Rosen, Lavendel, Veilchen, Flieder und Jasmin haben eher ein intensives Aroma, während Eis-Begonien säuerlich schmecken. Auch Gänseblümchen, Hibiskus oder Hornveilchen eignen sich. Sie können die Blumen ganz einfach selbst ansäen und am besten frisch pflücken, da das Aroma dann am intensivsten ist. Gespritzt dürfen die Blumen natürlich nicht sein.

Petersilien-Meerrettich-Pesto

ZUTATEN FÜR CA. 390 G

Pesto:

100 g frische Petersilie
20 g Pinienkerne
60 g Meerrettich
30 g Parmesan
 (32 % Fett i. Tr.)
1 Prise Salz
200 ml Olivenöl

1. Petersilie waschen, trocken schütteln und mit den Pinienkernen klein hacken. Meerrettich schälen und fein reiben. Parmesan fein reiben.

2. Petersilienmischung in einer Schüssel mit Meerrettich, Salz, Parmesan und Olivenöl glatt rühren. Pesto am besten in ein Schraubglas füllen. Es hält sich gekühlt mindestens 5 Tage.

Coffee-Rub

**ZUTATEN FÜR 165 G
(FÜR CA. 4 KG FLEISCH)**

Coffee-Rub:

50 g Kaffeebohnen
20 g Senfkörner
10 g schwarze
 Pfefferkörner
20 g brauner Zucker
10 g Knoblauchpulver
10 g weißer Pfeffer
10 g ungesüßtes
 Kakaopulver
10 g Zwiebelpulver
10 g Meersalz
10 g Paprikapulver,
 edelsüß
5 g gem. Kreuzkümmel

1. Kaffeebohnen, Senfkörner und schwarze Pfefferkörner in eine elektrische Kaffeemühle geben und fein zermahlen.

2. Die Kaffeemischung in einer Schüssel gut mit den anderen Zutaten vermengen. Zum Aufbewahren in ein Schraubglas abfüllen. Gut verschlossen hält sich der Coffee-Rub mehrere Wochen.

Zucchini-Speck-Rollen

Die kleinen Röllchen schmecken warm, aber auch kalt richtig lecker, gerade in Verbindung mit buntem Grillgemüse. Den körnigen Frischkäse können Sie nach Belieben durch ein Stück Feta ersetzen.

NÄHRWERTANGABEN PRO PORTION (2 STÜCK)
103,05 KCAL • 2,15 G KH • 6,78 G F • 7,73 G EW

ZUTATEN FÜR 8 STÜCK

250 g Zucchini
10 g Salz
schwarzer Pfeffer
  aus der Mühle
5 g Paprikapulver,
  edelsüß
8 Scheiben
  durchwachsener
  Speck (ca. 80 g)
100 g körniger Frischkäse
  (0,8 % Fett)
1 EL Olivenöl

1. Zucchini putzen, waschen und der Länge nach in 2 mm dünne Streifen schneiden. Am besten gelingt das mit einem Sparschäler. Die 8 größten Zucchinistreifen nebeneinander auf ein Backpapier legen, mit Salz bestreuen und 10 Minuten ziehen lassen.

2. Danach Zucchinistreifen mit einem Küchenpapier trocken tupfen und mit Pfeffer und Paprika würzen.

3. Speckscheiben auslegen und auf jede Scheibe 1 Zucchinistreifen legen. Den körnigen Frischkäse darauf verteilen und Speck zusammenrollen. Mit einem Holzspieß feststecken. Die Röllchen mit etwas Olivenöl einpinseln und auf dem Grillrost 3 Minuten rundum grillen.

TIPP: Restliche Zucchinischeiben nicht wegwerfen. Lieber im Kühlschrank aufbewahren und später als Gemüsebeilage mit Salz und Pfeffer gewürzt kurz anbraten oder auf der Plancha grillen.

Garnelenpäckchen mit Blumenkohl

Wer einmal die kleinen Kochpapier-Päckchen mit Garnelen und Gemüse auf dem Grill hatte, wird sie garantiert lieben. Aber natürlich lassen sie sich ganz nach Belieben auch mit anderen Zutaten füllen und genießen.

NÄHRWERTANGABEN PRO PORTION
231,5 KCAL • 9,42 G KH • 7,21 G F • 42,62 G EW

**ZUTATEN FÜR
2 PORTIONEN**

300 g Blumenkohl
150 g breite Bohnen
8 Garnelen (ca. 240 g),
 verzehrfertig
2 TL Sonnenblumenöl
Salz
 schwarzer Pfeffer
 aus der Mühle
250 g gemischte
 Kirschtomaten
1 TL Chiliflocken

1. Blumenkohl und Bohnen waschen, putzen und klein schneiden. Wasser in einem großen Topf zum Kochen bringen, Blumenkohl und Bohnen darin 5 Minuten blanchieren. Dann durch ein Sieb abgießen und mit kaltem Wasser abschrecken.

2. Garnelen kurz von jeder Seite angrillen, dann mit Salz und Pfeffer würzen.

3. Kirschtomaten waschen.

4. Aus dem Kochpapier 4 ausreichend große Stücke schneiden. Bohnen, Blumenkohl, Kirschtomaten und Garnelen gleichmäßig auf das Kochpapier verteilen, mit Chiliflocken würzen und mit Öl beträufeln. Das Kochpapier zu Päckchen falten und die Enden mit Küchengarn verschließen. Die Päckchen auf dem geschlossenen Grill ca. 15 Minuten garen.

Brokkoli-Rinderspieße mit Mango-Dip

Sie wollen abnehmen? Dann ist Brokkoli genau das Richtige, denn das Gemüse enthält nur wenige Kalorien und Kohlenhydrate und noch weniger Fett. Eine kleine Portion Brokkoli liefert zudem bereits die empfohlene Tagesdosis Vitamin C.

NÄHRWERTANGABEN PRO PORTION
224,07 KCAL • 9,44 G KH • 6,69 G F • 31,80 G EW

ZUTATEN FÜR 4 PORTIONEN

- 500 g Rinderfilet
- 250 g Brokkoli
- Meersalz
- schwarzer Pfeffer aus der Mühle
- 2 TL Olivenöl
- 1 Mango
- 1 Knoblauchzehe
- 1 rote Chilischote
- 2 cm frischer Ingwer
- 2 EL Orangensaft
- 2 EL Zitronensaft

1. Das Fleisch in mundgerechte Würfel schneiden.

2. Brokkoli putzen, waschen und die Röschen abtrennen. Brokkoli und Rindfleisch abwechselnd auf in Wasser getränkte Holzspieße stecken und mit Salz und Pfeffer würzen. Brokkoli mit etwas Olivenöl einpinseln.

3. Mango schälen, das Fruchtfleisch vom Kern trennen und in kleine Stücke schneiden. Knoblauch schälen und pressen. Chilischote waschen, putzen und in feine Ringe schneiden. Ingwer schälen und reiben.

4. Mango, Knoblauch, Chilischote, Orangensaft, Zitronensaft und Ingwer in einer Schüssel verrühren und mit Salz und Pfeffer würzen.

5. Spieße von allen Seiten grillen und mit dem Mango-Dip servieren.

BEILAGEN

Kohlrabi-Pommes mit fettreduzierter Mayonnaise

Natürlich kann kein Gemüse der Welt die fetttriefenden Pommes aus Kartoffeln ersetzen. Aber die Kohlrabi-Variante sollten Sie wirklich mal ausprobieren. Achten Sie beim Einkauf darauf, kleine Knollen auszuwählen, da die milder im Geschmack sind und weniger holzige Stellen aufweisen. Wenn die Blätter noch schön knackig sind, ist die Kohlrabi-Knolle umso frischer.

NÄHRWERTANGABEN PRO PORTION
POMMES: 98,03 KCAL • 11,69 G KH • 1,69 G F • 5,50 G EW
MAYONNAISE: 172 KCAL • 0,62 G KH • 18,19 G F • 2,02 G EW

Kohlrabi-Pommes

**ZUTATEN FÜR
4 PORTIONEN**

Kohlrabi-Pommes:

3 Kohlrabi (zusammen
ca. 1200 g)
1 EL Olivenöl
1 TL getrockneter
Oregano
½ TL Salz
½ TL schwarzer Pfeffer
aus der Mühle
½ TL Paprikapulver,
rosenscharf

1. Den Backofen auf 180 °C Ober-/Unterhitze vorheizen und ein Backblech mit Backpapier auslegen.

2. Kohlrabi putzen, waschen und in Stäbchenform schneiden. In einer Schüssel gut mit dem Öl und den Gewürzen vermengen.

3. Kohlrabi auf dem Backblech verteilen und auf oberer Schiene 15 Minuten im Ofen backen. Ab und zu wenden.

4. Die Temperatur auf 200 °C erhöhen und weitere 5 Minuten backen.

TIPP: Kohlrabi hält sich etwa 1 Woche im Kühlschrank. Die Blätter sollten Sie vorher entfernen.

Mayonnaise

ZUTATEN FÜR 8 PORTIONEN

Mayonnaise:

1 Ei
1 TL Dijon-Senf
1 Prise Salz
1 Prise schwarzer
  Pfeffer aus der Mühle
150 g Maiskeimöl
80 g Joghurt (1,5 % Fett)

1. Das Ei in einen hohen Behälter aufschlagen. Senf, Salz und Pfeffer zugeben und mit dem Pürierstab mixen.

2. Das Öl in einem dünnen Strahl langsam hinzugießen. Dabei weiter mixen, sodass die Mayonnaise eine schöne cremige Konsistenz erhält.

3. Den Joghurt vorsichtig unter die Mayonnaise heben.

Low-Carb-Baguette

Grillen ohne Baguette? Niemals! Das Low-Carb-Baguette braucht den Vergleich nicht zu scheuen und ist schnell zubereitet. Um verschiedene Varianten herzustellen, können Sie wahlweise getrocknete Tomaten, Oliven oder Körner in den Teig mischen. Leinmehl ist kein Getreidemehl, es besteht aus gemahlenen und entölten Leinsamen und ist daher auch glutenfrei. 100 g Leinmehl enthalten etwa 3,9 g Kohlenhydrate. Im Vergleich dazu enthalten 100 g Weizenmehl (Typ 405) 72,3 g Kohlenhydrate.

NÄHRWERTANGABEN PRO BAGUETTE
418,02 KCAL • 10,45 G KH • 15,79 G F • 47,75 G EW

**ZUTATEN FÜR
2 BAGUETTES**

- 150 g Frischkäse (0,2 % Fett)
- 150 g Magerquark (0,2 % Fett)
- 3 Eier
- 20 g Flohsamenschalen
- 100 g Leinmehl
- 2 TL Backpulver
- 1 TL Salz
- 1 EL Olivenöl

1. Alle Zutaten in einer Schüssel gut mit dem Handrührgerät verkneten und 10 Minuten quellen lassen.

2. Den Backofen währenddessen auf 190 °C Ober-/Unterhitze vorheizen.

3. Teig halbieren und jeweils 1 Baguette daraus formen. Die Brote auf ein mit Backpapier belegtes Backblech geben. Mit einem Messer längs an der Oberseite einschneiden und Baguettes 40–45 Minuten im Ofen goldbraun backen.

Gegrillte Salatherzen mit Tomaten und Parmesan

Dieser Salat ist schon fast ein Hauptgericht und kann ohne jede Reue gegessen werden.

NÄHRWERTANGABEN PRO PORTION
75,06 KCAL • 3,8 G KH • 3,7 G F • 7,68 G EW

**ZUTATEN FÜR
4 PORTIONEN**

50 g Parmesan
4 EL Joghurt (1,5 % Fett)
2 TL Olivenöl
1 TL Weißweinessig
Salz
schwarzer Pfeffer
  aus der Mühle
2 Fleischtomaten
2 Salatherzen

1. Parmesan im Mixer krümelig zerkleinern.

2. Joghurt, Olivenöl, Essig und 40 g Parmesan in einer Schüssel vermischen und mit Salz und Pfeffer würzen.

3. Fleischtomaten und Salatherzen waschen und mit Küchenpapier trocken tupfen. Tomaten in Scheiben schneiden. Salatherzen halbieren. Tomatenscheiben mit den Salatherzen von beiden Seiten auf dem Grillrost je 1 Minute grillen.

4. Salatherzen mit der Joghurtmischung und den gegrillten Tomaten servieren und mit dem restlichen Parmesan bestreuen.

Blumenkohl-Herzoginkartoffeln

Merkt ja keiner. Wirklich nicht! Der Blumenkohl ist ein toller Ersatz für die Kartoffel. Denn mit nur 25 Kalorien auf 100 g macht er der Kartoffel mit 77 Kalorien auf 100 g (ungekocht) ziemlich Konkurrenz.

NÄHRWERTANGABEN PRO PORTION
149,36 KCAL • 6,69 G KH • 7,42 G F • 9,78 G EW

ZUTATEN FÜR 4 PORTIONEN

1 Blumenkohl (ca. 1 kg)
Salz
2 Eigelb
25 g gem. Mandeln
1 Prise frisch geriebene Muskatnuss
50 ml Milch (1,5 % Fett)

1. Blumenkohl putzen, waschen und in Röschen teilen. In einem Topf mit kochendem Salzwasser 10 Minuten garen, anschließend in ein Sieb abgießen und abkühlen lassen.

2. Den Backofen auf 180 °C Ober-/Unterhitze vorheizen und ein Backblech mit Backpapier auslegen.

3. Blumenkohl in ein Geschirrtuch geben und mit viel Kraft die Flüssigkeit ausdrücken. Die Blumenkohlmasse in einer Schüssel mit Eigelb, Mandeln, etwas Salz und Muskat zu einer glatten Masse verrühren. Milch nach und nach zugeben und untermischen, bis die Konsistenz so ist, dass sich die Masse durch eine Sterntülle spritzen lässt. Masse in einen Spritzbeutel mit Sterntülle füllen und auf das Backblech walnussgroße Häufchen spritzen. Im Ofen ca. 15 Minuten goldbraun backen.

Gegrillte Maiskolben aus 1001 Nacht

Ein vegetarischer Klassiker für den Grill. Achten Sie beim Kauf darauf,
dass die Kolben eine schöne Farbe haben. Im Mais stecken neben Betacarotin
auch Kalium und Magnesium. Da er sehr viele Kohlenhydrate enthält,
gilt auch hier: nur in Maßen essen. Wer frische Maiskolben nimmt,
gart diese am besten 15 Minuten in Salzwasser vor.

NÄHRWERTANGABEN PRO PORTION
306,75 KCAL • 35,29 G KH • 9,09 G F • 12,32 G EW

**ZUTATEN FÜR
4 PORTIONEN**

4 Maiskolben (à ca. 200 g)
1 EL Sonnenblumenöl
2 Knoblauchzehen
40 g Halbfettmargarine
1 EL Ras el-Hanout
70 g frischer Koriander
30 g geriebener
   Parmesan

1. Maiskolben putzen, waschen mit Sonnenblumenöl
   einpinseln und 15–20 Minuten auf dem Grill braten.
   Dabei gelegentlich wenden, bis die Maiskolben rundum goldbraun sind.

2. Den Knoblauch schälen, pressen und in einer Schüssel mit Margarine und Ras el-Hanout verrühren. Den
   Koriander waschen, trocken schütteln und hacken.

3. Die noch heißen Maiskolben vor dem Servieren mit
   der Margarinenmischung bestreichen. Mit Parmesan
   und Koriander bestreuen.

TIPP: Ras el-Hanout ist eine Gewürzmischung, die je nach
Herstellung ca. 25 verschiedene Gewürze enthält. Anis,
Ingwer, Nelke, Piment, Kreuzkümmel und Rosenpaprika
sind nur einige der Aromen, die diese Gewürzmischung
ausmacht. Mittlerweile gibt es Ras el-Hanout im gut
sortierten Supermarkt zu kaufen.

Tomaten-Nektarinen-Carpaccio

Nektarinen werden immer beliebter, denn mit nur 0,1 g Fett auf 100 g gehören sie zu den Genüssen ohne Reue. Quercetin, ein Pflanzenstoff, der in ihnen enthalten ist, soll zudem depressiven Verstimmungen entgegenwirken. Also ist dieses Tomaten-Nektarinen-Carpaccio auf jeden Fall ein Gute-Laune-Essen.

NÄHRWERTANGABEN PRO PORTION
155,5 KCAL • 15,7 G KH • 7,81 G F • 2,9 G EW

ZUTATEN FÜR 4 PORTIONEN

2 Nektarinen
4 Fleischtomaten (ca. 600 g)
1 Limette
1 EL Honig
2 EL Olivenöl
Meersalz
schwarzer Pfeffer aus der Mühle
1 Bund frische Minze (ca. 60 g)

1. Nektarinen waschen, halbieren, entkernen und die Hälften in dünne Scheiben schneiden. Tomaten waschen und in dünne Scheiben schneiden. Nektarinen- und Tomatenscheiben abwechselnd dachziegelartig auf einen Teller legen.

2. Limette auspressen und den Saft in einer Schüssel mit Honig, Olivenöl, Salz und Pfeffer vermengen. Limetten-Dressing über die Nektarinen- und Tomatenscheiben träufeln.

3. Minze waschen, trocken schütteln und die Blättchen abzupfen. Minzblättchen auf das Carpaccio streuen.

Low-Carb-Kürbis-Pommes mit Kürbis-Tomaten-Ketchup

Kürbis-Pommes sind eine gute Alternative zu herkömmlichen Pommes frites aus Kartoffeln. Auch der fruchtige Kürbis-Ketchup ersetzt wunderbar die sonst so überzuckerten Ketchup-Sorten. Anstelle von braunem Zucker kommt hier der Zuckerersatz Erythrit zum Einsatz. Er weist in etwa 70 Prozent Süßkraft im Vergleich zu normalem Zucker auf und eignet sich zum Kochen und Backen. Erythrit enthält gerade einmal 20 kcal auf 100 g, gewöhnlicher Zucker hat 400 kcal pro 100 g.

NÄHRWERTANGABEN PRO PORTION
POMMES: 182,4 KCAL • 23,6 G KH • 7,9 G F • 6,4 G EW
KETCHUP: 49,16 KCAL • 8,9 G KH • 10,8 G F • 1,45 G EW

Kürbis-Pommes

ZUTATEN FÜR 8 PORTIONEN

Kürbis-Pommes:

1 ½ kg Hokkaido-Kürbis
4 EL Olivenöl
Meersalz
schwarzer Pfeffer aus der Mühle

1. Den Kürbis waschen, halbieren und die Kerne mit einem Löffel entfernen.

2. Kürbishälften in 1 cm dicke Scheiben und diese dann in Streifen schneiden.

3. Backofen auf 220 °C Umluft vorheizen und ein Backblech mit Backpapier auslegen.

4. Kürbisstreifen auf dem Backblech verteilen und mit Olivenöl beträufeln. Mit Salz und Pfeffer würzen. Kürbis-Pommes 15–20 Minuten im Backofen backen.

TIPP: Die Kürbis-Pommes gelingen auch perfekt in der Heißluftfritteuse.

Kürbis-Tomaten-Ketchup

Kürbis-Ketchup:

400 g Hokkaido-Kürbis
2 Fleischtomaten
2 Zwiebeln
2 Knoblauchzehen
6 EL Olivenöl
50 g Erythrit
1 TL Currypulver
1 Prise Salz
4 EL Weißweinessig

1. Kürbis und Tomaten waschen, entkernen und in grobe Würfel schneiden. Zwiebeln und Knoblauch schälen und grob hacken.

2. Öl in einem Topf erhitzen und Knoblauch, Zwiebeln und Kürbis darin anschmoren. Tomaten, Erythrit, Currypulver, Salz und Essig zugeben. Bei niedriger Temperatur 15 Minuten im geschlossenen Topf garen lassen, dann mit dem Stabmixer pürieren und durch ein Sieb streichen. Abgefüllt in saubere Schraubgläser hält sich der Ketchup 3 Wochen im Kühlschrank.

Gebackene Tomaten und Knoblauchbrot

Allein der Duft von warmem Knoblauch ist schon unglaublich toll.
Dazu dann noch geröstetes Brot, ein paar gebackene Tomaten –
so ist der Start in den Grillabend perfekt.

NÄHRWERTANGABEN PRO PORTION
115,3 KCAL • 25,62 G KH • 23,54 G F • 7,37 G EW

**ZUTATEN FÜR
4 PORTIONEN**

3 Knoblauchknollen
100 ml Olivenöl
300 g Kirschtomaten
1 Zweig frisches
   Basilikum
4 Scheiben
   Sauerteigbrot

1. Die Knoblauchknollen horizontal am oberen Ende aufschneiden und die Knollen mit Schale in eine Auflaufform geben. Das Olivenöl darüber gießen und Knoblauch im geschlossenen Grill etwa 30 Minuten backen, bis er schön weich geworden ist.

2. Kirschtomaten waschen, halbieren, mit in die Form geben und 15 Minuten backen.

3. Das Basilikum waschen, trocken schütteln und die Blätter abzupfen.

4. Die Brotscheiben auf dem Grillrost von beiden Seiten anrösten.

5. Die fertig gegarten Knoblauchzehen lassen sich nun ganz leicht aus der Knolle direkt aufs Brot drücken und verstreichen. Die Tomaten darauf verteilen und mit den Basilikumblättern bestreuen.

Gegrillte Pfirsiche im Parmaschinkenmantel mit Chili-Frischkäse

Süßes Fruchtfleisch, ein betörender Duft und eine flaumig-weiche Haut – so ist der Pfirsich. Dazu gesellen sich zahlreiche Nährstoffe wie Kalzium, Kalium, Magnesium und die Vitamine A, B_1, B_2 und C.

NÄHRWERTANGABEN PRO PORTION
PFIRSICHE: 91,89 KCAL • 5,69 G KH • 4,73 G F • 6,68 G EW
FRISCHKÄSE: 46,75 KCAL • 5,84 G KH • 0,38 G F • 7,83 G EW

Gegrillte Pfirsiche

**ZUTATEN FÜR
4 PORTIONEN**

Gegrillte Pfirsiche:

1 Zweig frischer
  Thymian
2 Pfirsiche
8 Scheiben Parmaschinken
  (ca. 90 g)
1 Prise schwarzer Pfeffer
  aus der Mühle
1 TL Olivenöl

1. Den Thymian waschen, trocken schütteln und die Blättchen abzupfen.

2. Pfirsiche waschen, trocken tupfen, halbieren, entkernen und in Viertel schneiden. Die Pfirsichspalten mit etwas Pfeffer und Thymian bestreuen und jeweils mit 1 Scheibe Parmaschinken umwickeln.

3. Mit Olivenöl benetzen und (am besten in einer Auflaufform) im geschlossenen Grill 10 Minuten grillen, zwischendurch einmal wenden.

Chili-Frischkäse

Chili-Frischkäse:

150 g Frischkäse (0,2 % Fett)
2 EL Milch (1,5 % Fett)
4 EL süße Chilisoße
1 Prise Salz

Frischkäse in einer Schüssel mit der Milch und der Chilisoße verrühren. Mit Salz abschmecken.

Eingelegter Fenchel

Der eingelegte Fenchel hält sich mindestens 3 Tage im Kühlschrank, lässt sich daher gut vorbereiten und schmeckt toll zu Brot, Fisch und Fleisch.

NÄHRWERTANGABEN PRO PORTION
306 KCAL • 23,76 G KH • 19,74 G F • 8,37 G EW

**ZUTATEN FÜR
4 PORTIONEN**

400 g Fenchel
50 ml Olivenöl
50 g schwarze Oliven
(ohne Stein)
3 EL Zucker
100 ml Gemüsebrühe
40 g Mandeln
50 g Rosinen
70 ml Weißweinessig
3 Zweige Basilikum
1 Bund Oregano

1. Fenchel putzen, waschen und in mundgerechte Stücke schneiden. Olivenöl in einer großen Pfanne erhitzen und den Fenchel darin von allen Seiten anbraten.

2. Oliven halbieren und zusammen mit dem Zucker und der Gemüsebrühe in die Pfanne geben und alles 30 Minuten schmoren lassen.

3. Dann Mandeln und Rosinen unterrühren. Den Weißweinessig dazugeben und alles nochmals 10 Minuten köcheln lassen. Am besten über Nacht im geschlossenen Topf abkühlen lassen.

4. Basilikum und Oregano waschen, trocken schütteln, klein schneiden und vor dem Servieren unter das Fenchelgemüse mischen.

Gefüllte Gemüsezwiebeln

Kann man Zwiebeln grillen? Natürlich! Und mit der richtigen Füllung sind sie auch besonders lecker. Da Zwiebeln wenig Fett und Kalorien haben, darf es hier zum Überbacken ruhig ein bisschen mehr Käse sein.

NÄHRWERTANGABEN PRO PORTION
124 KCAL • 14,25 G KH • 4,87 G F • 7,77 G EW

ZUTATEN FÜR 4 PORTIONEN

4 Gemüsezwiebeln
1 gelbe Paprikaschote
1 rote Spitzpaprika
50 g Bergkäse
2 Zweige Petersilie
Salz
schwarzer Pfeffer
   aus der Mühle

1. Zwiebeln mit Schale in eine Auflaufform setzen und im geschlossenen Grill auf mittlerer Temperatur 40 Minuten garen.

2. In der Zwischenzeit Paprika und Spitzpaprika putzen, waschen und in Würfel schneiden. Den Bergkäse reiben. Petersilie waschen, trocken schütteln und hacken. In einer Schüssel Paprika, Käse und Petersilie vermischen und mit Salz und Pfeffer würzen.

3. Zwiebeln vom Grill nehmen und etwas abkühlen lassen. Die Schale entfernen und die Zwiebeln mit einem Kugelausstecher aushöhlen. Mit der Paprikamischung füllen und nochmals 15 Minuten grillen.

Möhren im Speckmantel

Ein superschneller Snack: Möhre, Salbei und Schinken –
ab auf den Grill und fertig!

NÄHRWERTANGABEN PRO PORTION
184,45 KCAL • 14,74 G KH • 7,6 G F • 2,48 G EW

ZUTATEN FÜR 2 PORTIONEN

- 6 Möhren (à ca. 100 g)
- 1 TL Salz
- 6 Scheiben geräucherter Rohschinken, ohne Fettrand (ca. 80 g)
- ½ TL schwarzer Pfeffer aus der Mühle
- 6 Salbeiblätter
- 1 TL Olivenöl (ca. 5 ml)
- 3 EL Wasser

1. Möhren putzen und waschen. Ausreichend Wasser mit dem Salz in einem Topf zum Kochen bringen und die Möhren darin 10 Minuten garen. Dann durch ein Sieb abseihen und mit kaltem Wasser abschrecken.

2. Schinken mit Pfeffer würzen. Auf jede Möhre 1 Blatt Salbei geben und die Möhre dann mit 1 Scheibe Schinken umwickeln. Von jeder Seite 5 Minuten grillen.

3. Olivenöl mit 3 EL Wasser verrühren, in eine Sprüh-flasche füllen und die Möhren vor dem Servieren mit der Olivenölmischung einsprühen.

SALAT

Fenchelsalat

Fenchel darf auf dem Speiseplan eigentlich nicht fehlen, denn die Knolle, die auch gegen Völlegefühl, Blähbauch und Halsschmerzen hilft, ist ein wahres Abnehmwunder. Mit gerade mal 18 kcal pro 100 g und einer Menge an Mineralstoffen macht die Würz- und Heilpflanze eine gute Figur als Beilagensalat. Übrigens: Fenchel enthält doppelt so viel Vitamin C wie Orangen und ist besonders reich an Betacarotin.

NÄHRWERTANGABEN PRO PORTION
224 KCAL • 23,10 G KH • 18,71 G F • 9,28 G EW

**ZUTATEN FÜR
2 PORTIONEN**

500 g Fenchel
2 rote Zwiebeln
1 Orange
1 Zitrone
2 EL Olivenöl
2 EL Dijon-Senf
Salz
schwarzer Pfeffer
    aus der Mühle

1. Fenchel putzen, waschen und in feine Streifen schneiden. Zwiebeln schälen und in feine Streifen schneiden. Beides in eine Schüssel geben.

2. Orange und Zitrone auspressen. Den Saft in einer Schüssel mit Olivenöl und Senf zu einem Dressing verrühren. Mit Salz und Pfeffer abschmecken.

3. Dressing gut mit dem Fenchel und der Zwiebel vermischen. Salat vor dem Servieren mindestens 30 Minuten im Kühlschrank ziehen lassen.

Asia-Salat mit gegrilltem Hähnchen

Simpel zu machen, leicht und frisch – dieser leckere Asia-Salat
kann auch gut am Vortag zubereitet werden.

NÄHRWERTANGABEN PRO PORTION
376,90 KCAL • 58,01 G KH • 1,79 G F • 28,26 G EW

**ZUTATEN FÜR
8 PORTIONEN**

- 500 g Basmati-Reis
- 1 Limette
- 20 g Sojasoße
- 2 TL Thai-Fischsoße
- 2 TL brauner Zucker
- 50 ml Reisessig
- 250 g Ananas
- 1 rote Chilischote
- 4 Frühlingszwiebeln
  (ca. 150 g)
- 1 Bund frischer
  Koriander
- 800 g Hähnchenbrust-
  filet
- 1 TL Sonnenblumenöl

1. Reis in einem Topf mit Wasser nach Packungsanwei-sung kochen, durch ein Sieb abgießen, abspülen und abkühlen lassen.

2. Für das Dressing die Limette auspressen und den Saft in einer Schüssel mit Sojasoße, Fischsoße, Zucker und Reisessig verrühren.

3. Ananas schälen und in Würfel schneiden. Chilischote und Frühlingszwiebeln putzen und waschen. Chili-schote fein hacken und Frühlingszwiebeln in feine Ringe schneiden.

4. Koriander waschen, trocken schütteln und fein hacken.

5. Hähnchenbrustfilets in Streifen schneiden, mit etwas Öl einpinseln und auf dem Grillrost von allen Seiten je 5–6 Minuten grillen.

6. Reis, Ananas, Chili und Frühlingszwiebeln in einer Schüssel vermischen. Koriander und Dressing unter den Reissalat mengen und den Salat mit den gegrill-ten Hähnchenbruststreifen servieren.

Regenbogensalat

Jetzt wird es mit viel Gemüse schön bunt auf dem Teller. Die Blaubeeren schmecken nicht nur wunderbar, sondern stecken auch voller Antioxidantien und Vitamin C.

....

NÄHRWERTANGABEN PRO PORTION
148,32 KCAL • 10,35 G KH • 4,26 G F • 14,36 G EW

....

ZUTATEN FÜR 6 PORTIONEN

1 Limette
3 kleine Chilischoten
1 Knoblauchzehe
10 g frischer Ingwer
1 TL Sojasoße
3 Frühlingszwiebeln
3 Möhren
1 Gurke (ca. 400 g)
1 gelbe Paprikaschote (ca. 100 g)
12 Radieschen (ca. 180 g)
50 g Blaubeeren
2 Salatherzen
350 g Rinder- Minutensteaks
1 TL schwarzer Sesam
1 TL heller Sesam

1. Limette auspressen und den Saft auffangen. Chilischoten putzen, waschen und in feine Ringe schneiden. Knoblauch schälen und pressen, Ingwer schälen und fein reiben. Limettensaft in einer Schüssel mit Ingwer, Knoblauch, Sojasoße und Chiliringen zu einem Dressing verrühren.

2. Frühlingszwiebeln putzen, waschen und in feine Ringe schneiden. Möhren und Gurke putzen, waschen und mit einem Sparschäler in Streifen schneiden. Paprika und Radieschen putzen und waschen. Paprika würfeln, Radieschen in feine Scheiben schneiden. Blaubeeren waschen und mit Küchenpapier trocken tupfen. Salatherzen putzen, waschen und in mundgerechte Stücke schneiden. Die vorbereiteten Zutaten in einer Schüssel vermischen.

3. Minutensteaks in mundgerechte Stücke schneiden und von jeder Seite 1 Minute grillen.

4. Salat auf Tellern anrichten, Minutensteak-Stücke auflegen, mit dem Dressing beträufeln und mit Sesam bestreuen.

Gegrillter Caesar Salad

Vom legendären Caesar Salad gibt es mittlerweile viele Variationen –
mit Parmesan, Sardellenfilets, Avocado, Tomaten, Bacon oder Garnelen.
Am besten schmeckt er aber ganz einfach.

NÄHRWERTANGABEN PRO PORTION
279,70 KCAL • 20,11 G KH • 16,73 G F • 9,54 G EW

**ZUTATEN FÜR
2 PORTIONEN**

2 Scheiben
  Sauerteigbrot
2 TL Olivenöl
½ Zitrone
1 EL leichte Mayonnaise
  (4,8 % Fett)
1 TL Dijon-Senf
2 kleine Salatherzen
  (Römersalat)
20 g Parmesan
25 g gehobelte
  Haselnüsse

1. Brot mit etwas Olivenöl einpinseln und von beiden Seiten auf dem Grill rösten, dann in Würfel schneiden.

2. Zitrone auspressen und den Zitronensaft in einer Schüssel mit Mayonnaise und Senf verrühren.

3. Salatherzen putzen, waschen, vierteln, mit etwas Olivenöl einpinseln und rundum grillen. Die Salatherzen auf Teller verteilen und mit dem Dressing beträufeln.

4. Parmesan hobeln und mit den Croûtons und den Haselnüssen über den Salat streuen.

Melonensalat mit Ziegenkäse

Ein Melonensalat darf beim Grillen natürlich nicht fehlen.
Mit nur 39 kcal auf 100 g sind die schweren Melonen
richtige Leichtgewichte und glänzen mit einem Fettanteil von 0 Prozent.

NÄHRWERTANGABEN PRO PORTION
289,23 KCAL • 22,38 G KH • 16.94 G F • 9,88 G EW

ZUTATEN FÜR 4 PORTIONEN

1 kg kernarme
  Wassermelone
100 g Radieschen
1 Schalotte
30 g frische Minze
1 Kästchen Kresse
150 g Ziegenkäserolle
Salz
schwarzer Pfeffer
  aus der Mühle
3 EL Himbeeressig
30 ml Olivenöl

1. Melone vierteln und in Spalten zerteilen. Die Schale abschneiden und das Fruchtfleisch in Dreiecke schneiden.

2. Radieschen putzen, waschen und in feine Scheiben hobeln. Schalotte schälen und in feine Streifen schneiden. Minze waschen, trocken schütteln und die Blättchen abzupfen. Kresse abschneiden.

3. Melone, Radieschen und Schalotte auf Teller verteilen. Ziegenkäse in Scheiben schneiden und darauf geben. Mit Salz, Pfeffer und Kresse bestreuen. Vor dem Servieren mit Essig und Öl beträufeln und mit Minze garnieren.

Falscher Kartoffelsalat

Vielleicht sind Sie bei diesem falschen Kartoffelsalat zunächst einmal skeptisch. Aber probieren Sie es aus, man schmeckt in diesem Fall kaum einen Unterschied. 100 g gekochte Kartoffeln schlagen zudem mit rund 70 kcal zu Buche, die gleiche Menge Kohlrabi gerade mal mit 26 kcal. Da lohnt sich ein Austausch doch.

NÄHRWERTANGABEN PRO PORTION
295,50 KCAL • 21,35 G KH • 9,93 G F • 23,69 G EW

ZUTATEN FÜR 4 PORTIONEN

800 g Kohlrabi
4 Eier
200 g Putenschinken (2 % Fett)
200 g Gewürzgurken
1 Zwiebel
100 g Erbsen (Dose)
100 g Mais (Dose)
100 g leichte Mayonnaise (4,8 % Fett)
50 g mittelscharf Senf
5 EL Gewürzgurkenwasser
2 EL Gemüsebrühepulver
Salz
schwarzer Pfeffer aus der Mühle
½ Bund Schnittlauch

1. Kohlrabi schälen und in Würfel oder mundgerechte Stücke schneiden. In einem Topf mit kochendem Wasser in 12 Minuten gar kochen, dann durch ein Sieb abseihen und abkühlen lassen.

2. Eier in einem Topf mit kochendem Wasser 6 Minuten garen, herausheben, mit kaltem Wasser abschrecken und pellen. Das Eiweiß würfeln und die Eigelbe zur Seite stellen.

3. Putenschinken und Gewürzgurken klein würfeln. Zwiebel schälen und in feine Streifen schneiden. Erbsen und Mais abtropfen lassen.

4. Kohlrabi, Eiweiß, Putenschinken, Gewürzgurken, Zwiebel, Erbsen und Mais in einer Schüssel vermengen.

5. Eigelb, Mayonnaise, Senf, Gurkenwasser, Gemüsebrühe, Salz und Pfeffer in einer kleinen Schüssel zu einem cremigen Dressing verrühren. Unter den Salat heben.

6. Schnittlauch waschen, trocken schütteln und klein schneiden. Vor dem Servieren über den Salat streuen.

Puten-Schichtsalat im Glas

Gerade im Sommer kommt öfter mal Besuch vorbei, da haben sich die Salate im Glas bewährt. In verschlossenen Einweckgläsern bleiben sie im Kühlschrank schön frisch. Und die Reste können Sie einfach als Mittagssnack mit ins Büro nehmen.

NÄHRWERTANGABEN PRO PORTION
277,75 KCAL • 16,94 G KH • 8,12 G F • 33,84 G EW

**ZUTATEN FÜR
4 PORTIONEN**

2 Gewürzgurken
1 Zitrone
100 g Joghurt (0,1 % Fett)
4 EL leichte Mayonnaise
   (4,8 % Fett)
Salz
schwarzer Pfeffer
   aus der Mühle
600 g Putenbrustfilet
½ TL Paprikapulver,
   edelsüß
1 TL Sonnenblumenöl
200 g Mais (Dose)
100 g Rucola
2 Zwiebeln
200 g Staudensellerie
1 rote Paprikaschote

1. Für das Dressing Gewürzgurken in Würfel schneiden und die Zitrone auspressen. Gurkenwürfel und Zitronensaft in einer Schüssel mit Joghurt und Mayonnaise verrühren und mit Salz und Pfeffer würzen. Bis zum Servieren kühl stellen.

2. Putenbrustfilet in mundgerechte Stücke schneiden. ½ TL Pfeffer, Paprikapulver, ½ TL Salz und Sonnenblumenöl in einer Schüssel vermengen. Das Fleisch zugeben und gut in den Gewürzen wenden. Putenbrustfilet von allen Seiten goldbraun grillen.

3. Mais abtropfen lassen. Rucola verlesen, waschen und trocken schütteln. Zwiebeln schälen und würfeln. Staudensellerie waschen und in feine Scheiben schneiden. Paprika waschen, putzen und würfeln. Alle Zutaten in Einweckgläser schichten.

4. Vor dem Servieren das Dressing über den Salat träufeln.

SOSSEN UND DIPS

Low-Carb-Joghurt-Knoblauch-Soße

Ohne Soßen macht Grillen wirklich keinen Spaß. Da sie aber meist Zucker- und Fettfallen sind, ist es ratsam, sie selbst zuzubereiten. Diese frische Joghurtsoße mit Knoblauch passt zum Beispiel wunderbar zu Fleisch, Fisch und zu gegrilltem Brot oder Baguette.

NÄHRWERTANGABEN PRO PORTION
121,03 KCAL • 5,99 G KH • 8,21 G F • 4,60 G EW

ZUTATEN FÜR 4 PORTIONEN

1 weiße Zwiebel
1 rote Zwiebel
5 Knoblauchzehen
5 Basilikumblätter
250 g Joghurt nach griechischer Art (2 % Fett)
30 ml Olivenöl
2 TL Limettensaft
Salz
schwarzer Pfeffer aus der Mühle

1. Die Zwiebeln schälen und in feine Würfel schneiden. Knoblauch schälen und pressen. Basilikum waschen, trocken schütteln und fein hacken.

2. Joghurt in einer Schüssel mit dem Olivenöl verrühren. Zwiebeln, Knoblauch, Basilikum und Limettensaft zugeben und gut verrühren. Soße mit Salz und Pfeffer abschmecken.

Low-Sugar-Ketchup

Ohne Ketchup fehlt doch einfach was, aber diese zuckerfreie Variante muss sich auch gar nicht verstecken. Je nach Bedarf und Vorliebe dürfen Sie Ihren Ketchup gerne etwas verfeinern. Gewürznelken, Cayennepfeffer, Muskatnuss, Zimt, Piment, Ingwer und Sellerie – alles ist möglich.

NÄHRWERTANGABEN PRO PORTION (20 ML)
8,2 KCAL • 1,23 G KH • 0,08 G F • 0,42 G EW

ZUTATEN FÜR CA. 500 ML

2 Knoblauchzehen
2 Zwiebeln
1 EL Sonnenblumenöl
800 g Tomaten
100 g getrocknete
  Aprikosen
2 EL Apfelessig
Salz
schwarzer Pfeffer
  aus der Mühle
20 g Erythrit (optional)

1. Knoblauch und Zwiebeln schälen und fein würfeln. Sonnenblumenöl in einem Topf erhitzen und Knoblauch und Zwiebeln darin glasig dünsten.

2. Tomaten waschen und den Stielansatz entfernen. Tomaten und Aprikosen klein schneiden, in den Topf geben und 30 Minuten köcheln lassen.

3. Mit Apfelessig, Salz und Pfeffer abschmecken. Wer es süßer mag, der gibt den Erythrit dazu. Masse mit einem Stabmixer pürieren und durch ein Sieb in sterilisierte Gläser füllen.

Rote-Bete-Zaziki

Zaziki einmal ganz anders: mit Roter Bete zum Beispiel. Sie können natürlich auf die vorgekochten Roten Beten im Glas oder auf die eingeschweißten zurückgreifen, aber wer das volle Aroma genießen möchte, der sollte frische Knollen wählen. Rote Beten lassen sich übrigens sehr gut im eigenen Garten anbauen.

NÄHRWERTANGABEN PRO PORTION
29,50 KCAL • 3,27 G KH • 0,16 G F • 3,12 G EW

ZUTATEN FÜR 6 PORTIONEN

½ TL Kreuzkümmelsamen
1 Rote Bete (200 g)
1 Knoblauchzehe
1 Zweig Dill
150 g Joghurt nach griechischer Art (0,2 % Fett)
Salz
schwarzer Pfeffer aus der Mühle

1. Kreuzkümmelsamen in einer beschichteten Pfanne ohne Öl kurz anrösten und dann in einem Mörser zerdrücken.

2. Rote-Bete-Knolle in einen Topf geben und vollständig mit kaltem Wasser bedecken. Mit geschlossenem Deckel das Wasser zum Kochen bringen, Hitze herunterschalten und Rote Bete ohne Deckel ca. 30 Minuten köcheln lassen, abseihen und abkühlen lassen.

3. Rote Bete schälen und fein reiben. Knoblauch schälen und fein hacken. Dill waschen, trocken schütteln und hacken.

4. Kreuzkümmel in einer Schüssel mit der Roten Bete, Joghurt, Knoblauch und Dill verrühren und mit Salz und Pfeffer abschmecken.

5. Soße bis zum Verzehr kühl aufbewahren.

TIPP: Gekochte Rote Bete passt auch perfekt auf Brot. Hauchdünn geschnitten (am besten mit einem Hobel), ist sie ein guter Ersatz für Wurst und Käse.

Möhren-Pesto

Das Möhren-Pesto eignet sich perfekt für einen gesunden Aufstrich auf frisch geröstetem Brot oder als Dip zu gegrilltem Fleisch. Wenn Sie etwas mehr Olivenöl zugeben, können Sie es auch ganz klassisch als Soße unter gekochte Nudeln heben.

NÄHRWERTANGABEN PRO PORTION
222,00 KCAL • 0,88 G KH • 21,21 G F • 1,73 G EW

ZUTATEN FÜR 6 PORTIONEN

150 g Möhren
1 Knoblauchzehe
2 Schalotten
50 g Sonnenblumenkerne
50 g Parmesan
125 ml Olivenöl
Salz
schwarzer Pfeffer
   aus der Mühle
1 Zweig Thymian

1. Möhren putzen, schälen und fein reiben. Knoblauchzehe und Schalotten schälen und in Würfel schneiden.

2. Sonnenblumenkerne in einer beschichteten Pfanne ohne Öl rösten, herausnehmen und etwas abkühlen lassen. Parmesan reiben.

3. Möhren, Parmesan, Knoblauch, Schalotten und Sonnenblumenkerne in einen Mixer geben und pürieren. Dabei langsam bei laufender Maschine das Öl zugießen.

4. Thymian waschen, trocken schütteln und die Blättchen abzupfen.

5. Pesto mit Salz und Pfeffer abschmecken und mit Thymian garnieren.

Chimichurri-Soße

Die aus Argentinien stammende Chimichurri-Soße können Sie
als Dip zu gegrilltem Fleisch reichen oder Fisch und Fleisch vor
dem Grillen darin marinieren. Je nach Verwendung müssen Sie
nur die Menge des Olivenöls anpassen.

NÄHRWERTANGABEN PRO PORTION
125,35 KCAL • 2,27 G KH • 11,92 G F • 1,03 G EW

ZUTATEN FÜR
6 PORTIONEN

80 g glatte Petersilie
2 Knoblauchzehen
1 Schalotte
1 Limette
Olivenöl nach Bedarf
½ TL Salz
½ TL schwarzer Pfeffer
 aus der Mühle
1 TL getr. Thymian
1 TL getr. Oregano
1 kleine rote Chilischote
 oder etwas
 Chilipulver
1 Lorbeerblatt

1. Petersilie waschen, trocken schütteln und fein
 hacken. Knoblauch schälen und durch eine Knoblauchpresse drücken. Schalotte schälen und fein
 hacken. Alles zusammen in einen Mörser geben
 und zerdrücken.

2. Die Limette auspressen, den Limettensaft in den
 Mörser geben und alles weiter zerdrücken. So viel
 Olivenöl unterrühren, bis die gewünschte Konsistenz
 – für einen Dip oder eine Marinade – erreicht ist.

3. Salz, Pfeffer, Thymian und Oregano einrühren.

4. Die Chilischote waschen, putzen und klein schneiden
 und in die Soße rühren. Optional das Chilipulver
 verwenden.

5. Das Lorbeerblatt zugeben und die Soße mindestens
 1 Stunde ziehen lassen. Vor dem Servieren das
 Lorbeerblatt entfernen.

Smoky BBQ-Soße

Eine feurige, rauchige BBQ-Soße darf beim Grillen natürlich nicht fehlen. Das Feuer und den typischen Rauchgeschmack erhält diese BBQ-Soße durch Pimentón de la Vera. Dieses in Spanien hergestellte Gewürz aus Paprikaschoten, die über Eichenholzrauch geräuchert und dann zu Pulver vermahlen werden, gibt es in drei Schärfegraden. In diesem Rezept wird das milde Pulver (dulce) verwendet. Wer es etwas schärfer mag, greift zu mittelscharf (agridulce) oder scharf (picante).

NÄHRWERTANGABEN PRO PORTION (20 ML)
18,3 KCAL • 4,21 G KH • 0,94 G F • 0,41 G EW

ZUTATEN FÜR CA. 800 ML

1 Zwiebel
2 Knoblauchzehen
1 rote Chilischote
5 g Senfkörner
5 g Kreuzkümmelsamen
30 ml Rapsöl
100 g Tomatenmark
2 TL Pimentón de la Vera, dulce
300 g passierte Tomaten
40 ml Weißweinessig
50 ml Worcestersoße
20 g Erythrit Gold
5 g Rauchsalz
300 ml Cola Zero
40 ml Whisky
schwarzer Pfeffer aus der Mühle
20 ml Ahornsirup

1. Zwiebel und Knoblauch schälen und fein hacken. Chilischote putzen, waschen, entkernen und ebenfalls fein hacken.

2. Senfkörner und Kreuzkümmel in einem Mörser zerdrücken.

3. Rapsöl in einer Pfanne erhitzen und die Zwiebel darin leicht anbraten. Tomatenmark und Pimentón de la Vera zugeben und 2 Minuten mitbraten. Knoblauch, passierte Tomaten, Essig, Worcestersoße, Erythrit, gehackte Chilischote und Rauchsalz einrühren und Soße kurz aufkochen lassen.

4. Kreuzkümmel und Senfkörner unterrühren. Cola zugeben und aufkochen lassen. Whisky und Ahornsirup einrühren und alles bei mittlerer Hitze mindestens 30 Minuten einkochen lassen. Soße sofort verbrauchen oder in sterilisierte Gläser füllen und verschließen.

Sriracha-Style-Soße

Die scharfe Sriracha-Soße ist nach der thailändischen Küstenstadt Si Racha benannt, wo die Soße für lokale Restaurants hergestellt wurde. Grundzutaten sind Chilischoten, Essig, Knoblauch, Zucker und Salz. Wer möchte, kann die Hälfte der Chilischoten durch etwas weniger scharfe rote Peperoni ersetzen.

NÄHRWERTANGABEN PRO PORTION (20 ML)
12,68 KCAL • 1,21 G KH • 0,05 G F • 0,26 G EW

ZUTATEN FÜR 800 ML

500 g rote Chilischoten (oder 250 g Chilischoten und 250 g mildere rote Peperoni)
600 ml Reisessig oder Weißweinessig
5 Knoblauchzehen
80 g Xylit
1 EL Salz

1. Die Chilischoten waschen und die Stielansätze entfernen. Chilis grob zerhacken und zusammen mit dem Essig in einen Topf geben und zum Kochen bringen.

2. Knoblauch schälen, grob hacken und unterrühren. Die Temperatur etwas reduzieren, Xylit und Salz einrühren, bis sich alles aufgelöst hat.

3. Die Mischung in einen Mixer geben und pürieren, sodass eine dickliche, aber nicht zu feste Konsistenz entsteht. Ansonsten noch etwas Essig zugeben.

4. Soße 2 Stunden ziehen lassen, dann in Gläser abfüllen und im Kühlschrank aufbewahren.

TIPP: Wer die Soße feiner haben möchte, streicht sie vor dem Abfüllen durch ein Sieb.

Brokkomole

Anstelle eines Avocado-Dips sollten Sie unbedingt auch mal
diesen leckeren Brokkoli-Dip ausprobieren. Kaufen Sie Brokkoli
immer frisch, denn die Röschen werden schnell gelb.

NÄHRWERTANGABEN PRO PORTION
66,88 KCAL • 6,53 G KH • 0,65 G F • 5,36 G EW

**ZUTATEN FÜR
4 PORTIONEN**

1 Brokkoli (ca. 500 g)
1 Zitrone
2 Knoblauchzehen
1 Zwiebel
1 Chilischote
½ TL gem. Kreuz-
  kümmel
6 Cocktailtomaten

1. Brokkoli putzen, waschen und die Röschen abtrennen. Röschen in einem großen Topf mit kochendem
   Wasser 10 Minuten blanchieren. Durch ein Sieb
   abgießen und abkühlen lassen.

2. Die Zitrone auspressen. Knoblauch und Zwiebel
   schälen und in Würfel schneiden. Chilischote waschen,
   putzen und grob zerkleinern.

3. Brokkoli, Kreuzkümmel, Chilischote, Knoblauch und
   Zwiebel in einen Mixer geben und pürieren. Je nach
   gewünschter Konsistenz Zitronensaft zugeben.

4. Die Cocktailtomaten waschen, würfeln und unter die
   Brokkomole heben.

Fruchtiger Speck-Dip

Diese Kombination aus Frucht, Schärfe und Süße ist einfach unwiderstehlich. Die Soße lässt sich gut vorbereiten und hält sich in sterilisierte Gläser abgefüllt ein paar Wochen im Kühlschrank. So ist sie für spontane Grillabende stets griffbereit. Der Dip schmeckt zu Fleisch und auf Brot einfach lecker.

NÄHRWERTANGABEN PRO PORTION
94 KCAL • 13,9 G KH • 3,03 G F • 6,04 G EW

ZUTATEN FÜR 4 PORTIONEN

- 200 g Ananas
- 1 Zwiebel
- 1 Chilischote
- 2 TL Olivenöl
- 50 g Speckwürfel
- 200 ml Orangensaft
- 100 g passierte Tomaten
- 2 TL Worcestersoße

1. Ananas schälen, klein würfeln und in eine Schüssel geben. Zwiebel schälen, Chilischote putzen, waschen und beides in kleine Würfel schneiden.

2. Öl in einem Topf erhitzen und Speck und Zwiebelwürfel darin anbraten. Mit Orangensaft ablöschen. Passierte Tomaten, Ananaswürfel und Chiliwürfel zugeben und Soße einmal aufkochen lassen. Mit Worcestersoße abschmecken und 5 Minuten köcheln lassen. Dann mit dem Stabmixer pürieren und in Gläser abfüllen.

DESSERTS UND LIMONADEN

Gegrillte Früchte mit Limetten-Ingwer-Joghurt

Ein schnelleres Dessert gibt es fast nicht. Einfach die Früchte auf mittlerer Höhe grillen und nach ein paar Minuten servieren.

NÄHRWERTANGABEN PRO PORTION
237,15 KCAL • 20,44 G KH • 12,83 G F • 28,23 G EW

ZUTATEN FÜR 4 PORTIONEN

20 g frischer Ingwer
20 g Ahornsirup
150 g Joghurt nach griechischer Art (0,2 % Fett)
1 Mango
2 Baby-Bananen oder normale Bananen
1 Avocado
1 Pfirsich
10 g Kokosöl
2 Bio-Limetten

1. Ingwer schälen, reiben und in einer Schüssel mit dem Ahornsirup und dem Joghurt verrühren. Dann kaltstellen.

2. Mango schälen, das Fruchtfleisch vom Kern trennen und in Scheiben schneiden. Bananen schälen und halbieren. Avocado halbieren, entkernen, schälen und das Fruchtfleisch in Spalten schneiden. Pfirsich waschen, halbieren und entkernen.

3. Die Früchte mit Kokosöl einreiben und auf dem Grillrost jeweils 4–5 Minuten braten.

4. Die Limetten waschen, mit Küchenpapier abtrocknen und die Schale abreiben. Die Früchte in Spalten schneiden. Limettenspalten ebenfalls auf dem Grill rösten.

5. Früchte auf einer Servierplatte anrichten, mit Limettenabrieb bestreuen und mit Limettenspalten und Ingwer-Joghurt servieren.

TIPP: Beim Avocado-Kauf darauf achten, dass die Früchte aus Spanien kommen. Diese haben eine deutlich bessere Ökobilanz als die Lieferungen aus den tropischen Gebieten der ganzen Welt. Mit rund 15 g Fett pro 100 g ist die Avocado zwar sehr fettreich, aber der Großteil sind ungesättigte Fettsäuren, die sehr gesund sind.

Gegrillte Brioche mit Nektarinen und Erdbeersorbet

Süßes weiches Brot, fruchtiges Eis, warme Nektarinen und ein Püree mit einem Schuss Sekt. Klingt doch verlockend, oder?

NÄHRWERTANGABEN PRO PORTION
BRIOCHE: 361,36 KCAL • 54,86 G KH • 6,69 G F • 6,44 G EW
SORBET: 79,03 KCAL • 7,51 G KH • 0,54 G F • 0,92 G EW

Brioche

ZUTATEN FÜR 6 PORTIONEN

Brioche:

8 Nektarinen
100 ml halbtrockener Sekt
½ Bund frisches Basilikum
6 Scheiben Brioche (à 50 g)

1. Die Nektarinen waschen. 6 Nektarinen halbieren, entkernen, achteln und auf dem Grillrost grillen.

2. Die restlichen Nektarinen entkernen, grob würfeln und mit dem Sekt im Mixer pürieren.

3. Basilikum waschen, trocken schütteln und die Blätter abzupfen.

4. Briochescheiben von jeder Seite kurz grillen und zusammen mit dem Nektarinenpüree, den gegrillten Nektarinen, Basilikumblättern und etwas Sorbet (siehe unten) auf Tellern anrichten.

Erdbeersorbet

Erdbeersorbet:

750 g TK-Erdbeeren
3 EL Zitronensaft
75 g Xylit

1. Erdbeeren 30 Minuten vor Zubereitung des Sorbets aus dem Gefrierfach nehmen.

2. Dann in einem Mixer mit dem Zitronensaft und dem Xylit pürieren. Sofort servieren oder einfrieren.

Gegrilltes Maisbrot mit Blaubeeren

Diese Nachspeise entführt in den Dessert-Himmel, denn die Kombination aus Mais, Weißbrot und Blaubeeren ist unwiderstehlich. Je nach Saison können Sie natürlich auch jede andere Obstsorte verwenden, allerdings stecken Blaubeeren voller Antioxidantien und stärken somit das Immunsystem.

NÄHRWERTANGABEN PRO PORTION
318 KCAL • 38,10 G KH • 11,04 G F • 14,0 G EW

**ZUTATEN FÜR
4 PORTIONEN**

280 g Mais (Dose)
300 ml Milch (1,5 % Fett)
4 Eier
1 Prise Salz
1 TL Honig
4 dicke Scheiben Weißbrot
  (à ca. 30 g)
½ TL Zimt
1 TL Zucker
300 g Blaubeeren
1 TL Puderzucker

1. Mais in ein Sieb abgießen und die Maiskörner mit der Milch in einem Mixer pürieren. Mischung durch ein Sieb abseihen und die Maismilch in einer Schüssel mit den Eiern, Salz und Honig verrühren.

2. Weißbrot in eine Auflaufform legen, mit der Mais-Milch-Mischung übergießen und 5 Minuten ziehen lassen. Das vollgesogene Brot kurz abtropfen lassen und von jeder Seite auf dem Grill goldbraun grillen. Wer einen Plancha-Aufsatz für den Grill hat, kann die Weißbrotscheiben darauf von jeder Seite 2 Minuten goldbraun braten.

3. Zimt und Zucker in einer Tasse verrühren. Die Blaubeeren verlesen und waschen.

4. Die fertigen Brotscheiben mit dem Zimtzucker bestreuen und mit Puderzucker bestäuben.

5. Mit den Blaubeeren servieren.

Geröstete Ananas in Rum mit Ananassorbet

Dieses Dessert macht süchtig. Wer auf den Rum verzichten möchte, kann ihn durch 5 TL Trauben- oder Orangensaft ersetzen. Früher gab es bei fast jeder Diät frische Ananas, weil man ihr nachsagte, sie könne Fett abbauen. Mittlerweile ist bekannt, dass das nicht stimmt. Dennoch bleibt die Ananas ein guter Vitaminlieferant und zaubert ein bisschen »tropical feeling« in den Garten.

NÄHRWERTANGABEN PRO PORTION
ANANAS: 117,71 KCAL • 31,57 G KH • 4,56 G F • 0,85 G EW
SORBET: 73 KCAL • 16 G KH • 0,2 G F • 0,6 G EW

Geröstete Ananas

**ZUTATEN FÜR
4 PORTIONEN**

Geröstete Ananas:

1 Ananas (ca. 1 kg)
100 g Erythrit Gold
1 TL Chiliflocken
20 g Butter
20 ml weißer Rum

1. Die Ananas schälen und putzen.

2. Erythrit und Chiliflocken vermischen und in eine Auflaufform geben. Die Ananas in der Zuckermischung wälzen und in die Mitte der Auflaufform legen. Butter in kleine Würfel schneiden und auf der Ananas verteilen.

3. Ananas im geschlossenen Grill 30 Minuten rösten. Alle 10 Minuten mit etwas Rum und der Garflüssigkeit bestreichen.

4. Die Ananas etwas abkühlen lassen, in Scheiben schneiden und diese halbieren. Mit Ananassorbet (siehe unten) servieren.

Ananassorbet

Ananassorbet:

1 Ananas (ca. 1 kg)
75 g Erythrit Gold
100 ml Wasser
2 EL Zitronensaft (ca. 30 ml)

1. Die Ananas schälen und das Fruchtfleisch in kleine Stücke schneiden. Mit den restlichen Zutaten in einen Hochleistungsmixer geben und cremig mixen.

2. Masse in eine Eismaschine geben und gefrieren lassen. Alternativ in einen Gefrierbehälter füllen und mindestens 3 Stunden einfrieren, dabei alle 30 Minuten umrühren.

Rote-Bete-Eistee

Dieser Eistee hat nicht nur eine tolle Farbe, sondern trumpft auch damit auf, dass er keinen Zucker enthält. Braucht er auch nicht, denn der Geschmack der Roten Bete in Kombination mit dem scharfen Ingwer und der fruchtigen Zitrone ergibt ein schmackhaftes, erfrischendes Getränk.

NÄHRWERTANGABEN PRO PORTION (200 ML)
9,25 KCAL • 1,50 G KH • 0,08 G F • 0,32 G EW

ZUTATEN FÜR 1,4 L

- 400 ml kochendes Wasser
- 2 Teebeutel grüner Tee
- 80 g Rote Bete
- 10 g frischer Ingwer
- 10 g frischer Thymian
- 1 Bio-Zitrone (ca. 50 ml)
- 1 l Mineralwasser mit Kohlensäure
- Eiswürfel

1. Das kochende Wasser in eine Kanne gießen, die Teebeutel hineingeben und 3 Minuten ziehen lassen. Teebeutel entfernen und den grünen Tee abkühlen lassen.

2. Rote Bete und Ingwer schälen und in Scheiben schneiden. Thymian waschen. Zitrone waschen und in feine Scheiben schneiden.

3. Rote Bete, Ingwer, Thymian und Zitrone in eine Kanne geben und mit grünem Tee und Mineralwasser übergießen. Über Nacht zugedeckt im Kühlschrank ziehen lassen.

4. Den Tee durch ein Sieb in Gläser gießen und mit Eiswürfeln servieren.

TIPP: Wer einen Hochleistungsentsafter hat, kann die Rote Bete auch entsaften und den Saft mit dem grünen Tee, Ingwer, Thymian und Zitrone ziehen lassen. Rote Bete hat einen hohen Vitamin-B-, Kalium-, Eisen- und vor allem Folsäuregehalt. Auch die Blätter können verwendet werden, sie sind reich an Vitaminen und Mineralstoffen.

Hibiskus-Salbei-Eistee

Salbei gehört zu den Kräutern, die eigentlich im Mittelmeerraum heimisch sind. Wird er an der richtigen Stelle im Garten gepflanzt, wuchert er schnell auch in unseren Breiten. Salbei schmeckt nicht nur erfrischend, sondern bewirkt zudem als Heilkraut viel Gutes. Bei Halsentzündungen, Verdauungsbeschwerden und Krämpfen kann Salbei eine positive Wirkung entfalten.

NÄHRWERTANGABEN PRO PORTION (200 ML)
21,78 KCAL • 7,37 G KH • 0,36 G F • 0,12 G EW

ZUTATEN FÜR 1 L

4 Teebeutel Hibiskus-
blütentee
10 g Salbeiblätter
1 l kochendes Wasser
2 Limetten
1 Vanilleschote
20 g Agavendicksaft
Eiswürfel

1. Die Teebeutel und die gewaschenen Salbeiblätter in einer Kanne mit dem kochenden Wasser übergießen und 7 Minuten ziehen lassen. Dann die Teebeutel entfernen und den Aufguss samt den Salbeiblättern 30 Minuten abkühlen lassen.

2. Salbeiblätter entfernen und Tee im Kühlschrank kühlen.

3. Die Limetten auspressen. Die Vanilleschote aufschneiden und das Mark herauskratzen. Vanillemark, Limettensaft und Agavendicksaft in den Tee rühren. Mit Eiswürfeln servieren.

Zitronen-Ingwer-Limonade

Für alle Ingwer-Fans darf eine entsprechende Limonade natürlich nicht fehlen. Ingwer soll sich bei einer Diät positiv auswirken, da er dem Körper so richtig einheizt und dadurch zum Kalorienkiller wird. Außerdem regt er Speichelfluss und Magensäfte an und beschleunigt so den Verdauungsprozess.

NÄHRWERTANGABEN PRO PORTION (200 ML)
76,6 KCAL • 15,2 G KH • 0,38 G F • 1,66 G EW

ZUTATEN FÜR 1 L

6 Bio-Zitronen
40 g frischer Ingwer
75 g Honig
200 ml Wasser
1 l Mineralwasser mit Kohlensäure
Eiswürfel

1. 1 Zitrone waschen und in Scheiben schneiden. Die restlichen Zitronen auspressen und den Saft auffangen (ergibt ca. 300 ml).

2. Den Ingwer schälen und in feine Scheiben schneiden. Zitronensaft, Ingwer, Honig, die Hälfte der Zitronenscheiben und die 200 ml Wasser in einem Topf aufkochen. Topf vom Herd nehmen und Mischung 20 Minuten ziehen lassen.

3. Flüssigkeit durch ein Sieb in eine Kanne abseihen und 1 Stunde kalt stellen.

4. Limonade auf Gläser verteilen und mit Mineralwasser aufgießen. Mit den restlichen Zitronenscheiben und Eiswürfeln servieren.

TIPP: Wer noch mehr Kalorien einsparen will, kann statt des Honigs einen Zuckerersatzstoff (z. B. Erythrit) verwenden. Probieren Sie ruhig verschiedene Zuckeraustauschstoffe aus, da diese unterschiedliche Eigenschaften aufweisen. Stevia enthält z. B. weder Zucker noch Kalorien und ist ca. 30-mal süßer als Haushaltszucker. Birkenblütenzucker (Xylit) hat rund 40 Prozent weniger Kalorien als Haushaltszucker. Nachteil: Er wirkt schnell abführend.

Apfel-Limonade

Es muss nicht immer nur reines Wasser sein. Auch wenn Wasser ein wunderbarer Durstlöscher ist, darf es ab und zu gern etwas mehr Geschmack sein. Mit über 30 Vitaminen und Spurenelementen und vielen anderen Mineralstoffen gehört der Apfel zum absoluten Power-Food. Und das Beste ist: Er besteht zu 85 Prozent aus Wasser.

NÄHRWERTANGABEN PRO PORTION (200 ML)
16,33 KCAL • 3,41 G KH • 0,09 G F • 0,05 G EW

ZUTATEN FÜR 3 L

- 500 g Granny-Smith-Äpfel
- 1 Bio-Limette (ca. 50 ml)
- 200 g Erythrit
- 250 ml Apfelessig
- 1 Zweig Thymian
- ½ TL Meersalz
- 2½ l Mineralwasser mit Kohlensäure, gekühlt
- Eiswürfel

1. Äpfel schälen, entkernen, mit einem Entsafter auspressen und den Saft auffangen (ergibt ca. 350 ml Apfelsaft). Wer keinen Entsafter hat, verwendet naturtrüben Apfelsaft.

2. Die Limette waschen, mit Küchenpapier abtrocknen, die Schale abreiben und die Frucht auspressen.

3. Apfelsaft, Limettenabrieb und -saft, Erythrit, Apfelessig, gewaschenen Thymianzweig und Salz in einer Kanne verrühren. Über Nacht abgedeckt im Kühlschrank ziehen lassen.

4. Am nächsten Tag durch ein Sieb abseihen. Mit Mineralwasser aufgießen und mit Eiswürfeln servieren.

Gurken-Basilikum-Limonade

Die Gurke macht diese Limonade zu einem richtig tollen Erfrischungsgetränk. Dazu ist sie ziemlich kalorienarm und enthält lösliche Ballaststoffe und Antioxidantien, die die Zellen vor freien Radikalen schützen können.

NÄHRWERTANGABEN PRO PORTION (200 ML)
52,66 KCAL • 11,6 G KH • 0,23 G F • 0,66 G EW

ZUTATEN FÜR 1 L

300 g Salatgurke
1 Zitrone
30 g Basilikumblätter
60 g Blütenhonig
200 ml Wasser
1 Prise Meersalz
1 l Mineralwasser mit Kohlensäure
Eiswürfel

1. Salatgurke waschen und in Würfel schneiden. Die Zitrone auspressen.

2. Salatgurke, Zitronensaft, gewaschene Basilikumblätter, Honig, Meersalz und die 200 ml Wasser in einen Mixer geben und pürieren.

3. Mischung durch ein Sieb abseihen und mit dem Mineralwasser aufgießen. Mit Eiswürfeln servieren.

Birnen-Limonade

Die meisten kalorienreduzierten Limonaden enthalten viel Süßstoff. Wenn Sie selbst Getränke zubereiten, können Sie versuchen, nach und nach immer weniger Süßungsmittel zu verwenden. So gewöhnt man sich langsam wieder an den natürlichen Geschmack und hat weniger Bedarf nach Süße.

NÄHRWERTANGABEN PRO PORTION (200 ML)
103,20 KCAL • 15,86 G KH • 1,18 G F • 1,88 G EW

ZUTATEN FÜR CA. 1 L

2 Birnen (ca. 280 g)
1 Bio-Zitrone
1 l Wasser
100 g Erythrit
200 ml Zitronensaft
frische Minze zum Garnieren

1. Die Birnen waschen, entkernen und würfeln. Die Zitrone waschen, mit Küchenpapier abtrocknen und die Schale abreiben. Die Frucht in Scheiben schneiden.

2. 500 ml Wasser mit den Birnenwürfeln, der Zitronenschale und dem Erythrit in einem Topf aufkochen lassen. Dann die Hitze reduzieren und alles 10 Minuten köcheln lassen.

3. Topf vom Herd nehmen, Mischung abkühlen lassen und durch ein Sieb in eine Kanne abseihen. Die Birnenwürfel beiseite legen. Minze waschen und trocken schütteln

4. Zitronensaft und das restliche Wasser in die Kanne gießen.

5. Limonade mit Zitronenscheiben, Minze und Birnenwürfeln servieren.

Danke

Man geht beim Buchschreiben mit seinen Freunden im wahrsten Sinne des Wortes durch dick und dünn. Denn es muss nicht nur alles gekostet, sondern auch fotografiert werden. Dabei wird das Essen meist kalt. Aber da ich immer darauf achte, dass ich keine Lebensmittel wegschmeiße, haben die Freunde keine echte Alternative, denn schmecken tut alles auch kalt. Und so wurde einen ganzen Sommer lang gegrillt, ausprobiert, gekocht, gegessen, gefeiert, fotografiert ... bis all die Rezepte einstimmig mit einem »muss unbedingt in das Buch« abgesegnet waren.

Danke an alle, die mich bis hierhin unterstützt haben. Danke Mama (für deine Liebe). Danke Petra (die Schwester, der man alles anvertrauen kann). Danke Sven (der Seelenverwandte, der mich nicht nur beim Design meiner Webseiten unterstützt, sondern auch einer der wenigen Menschen in meinem Leben ist, die mir mal den »Kopf waschen« dürfen). Danke Uwe (dafür, dass du Menschen in deinem Umfeld den individuell benötigten Raum geben kannst – eine Gabe, die nur wenige Menschen besitzen). Danke Sandra (weil du da bist, auch wenn so viele Kilometer zwischen uns liegen). Danke Jens (der die Gabe hat, die Welt ohne viel Drama zu sehen und meine Chaos-Küche innerhalb kürzester Zeit wieder in eine brauchbare Küche verwandeln kann).

Danke an die Leser und Follower meines Blogs und meiner Social-Media-Kanäle, denn ohne euch wäre ich nicht bis hierhin gekommen. Und ein großes Danke an meinen Verlag, der so viele tolle Ideen mit mir umgesetzt hat. Lieben Dank auch an Villeroy & Boch für das Manufacture-Rock-Geschirr.

Über den Autor

Patrick Rosenthal hat schon früh die Liebe zum Reisen, Kochen und Backen entdeckt. Einzutauchen in andere Kulturen und in andere Kochtöpfe zu schauen wurde schnell zu einer großen Leidenschaft. Er nutzte das Angebot, als Journalist Hotels auf der ganzen Welt zu testen und darüber zu schreiben. Seine Rezepte veröffentlicht er in seinem Blog unter www.patrickrosenthal.de. In seinem Blog geht es darum, die Schönheit in etwas sehr Alltäglichem zu finden – in der Zubereitung von Speisen, dem gemeinsamen Essen mit Freunden, dem Ausprobieren von neuen Produkten, dem Reisen und dem Fotografieren. Neben seinem Blog arbeitet Patrick Rosenthal als Autor und Fotograf und hält Workshops für Influencer und Agenturen.